蒋筱波·编

中国宰相传

【卷二】

陕西新华出版 三秦出版社

图书在版编目（CIP）数据

中国宰相传 / 蒋筱波编 . -- 西安 : 三秦出版社，
2008.04（2024.1 重印）
　　（国学百部文库）
　　ISBN 978-7-80736-374-3

　　Ⅰ . ①中… Ⅱ . ①蒋… Ⅲ . ①宰相一列传一中国一古
代 Ⅳ . ①K827=2

中国版本图书馆 CIP 数据核字（2008）第 027059 号

书　　　名	中国宰相传
作　　　者	蒋筱波 编
责　　　编	周世闻
封面设计	新华智品

出版发行　三秦出版社
社　　　址　西安市雁塔区曲江新区登高路 1388 号
电　　　话　（029）81205236
邮政编码　710061
印　　　刷　北京一鑫印务有限责任公司
开　　　本　680×1020　1/16
印　　　张　18
字　　　数　330 千字
版　　　次　2008 年 4 月第 2 版
印　　　次　2024 年 1 月第 2 次印刷
标准书号　ISBN 978-7-80736-374-3

定　　　价　69.80 元（全二册）
网　　　址　http://www.sqcbs.cn

前　言

在波澜壮阔的历史长河中，曾经涌现出许多扭转乾坤、叱咤风云的宰相。在皇权社会里，作为最高行政首脑，宰相的地位非常特殊，堪称是整个国家的"二把手"，扮演着"一人之下，万人之上"的重要角色，在整个皇权社会中发挥了至关重要的作用。

在皇权社会里，作为"天下第一人"，皇帝是国家元首，拥有至高无上的权力。在皇帝的下面，最重要的人物当属宰相。其实，用"宰相"这个词并不十分恰当，因为在中国历史上，除了辽国之外，其他朝代都没有"宰相"这个官职，而宰相只是一个俗称。

对于专制帝王来说，皇权与相权既是相克相制，又是相辅相成的，皇帝与宰相因而构成了一对难解的"矛盾体"，这个矛盾始终贯穿于整个皇权专制国家的始终。相权的大小直接影响着国家的稳定与长治久安。"世界潮流，浩浩荡荡；顺之者昌，逆之者亡。"顺应时代发展的贤相，他们的功绩将万古流芳；"冒天下之大不韪"的逆臣奸相也只能遗臭万年。不管是功高爵显的贤相，还是罪恶昭著的奸相，他们都留在了历史的尘封中，像烙印一样深深地刻在国人的脑海里。

往事越千年，在中国历史上不乏一些良臣贤相，诸如管仲、诸葛亮等。他们文能治国，武能定邦；他们运筹帷幄，料事如神；他们忧国忧民，直言忠谏……对上辅佐天子，对下统率百官，既有政治家的雄韬伟略，又有极高的为政手腕，将国家治理得井井有条，促进了社会的发展，以自己超群的智慧支撑起整个民族的脊梁，成为中华民族引以为豪的精英。同时，也曾经出现了不少臭名昭著的奸相，诸如秦桧、贾似道等。他们为了满足自己丑恶的私欲，而不惜一切代价地大显媚态；他们独断专行，荒淫奢侈；他们贪赃枉法，巧取豪夺；他们结党营私，陷害忠良……将国家和人民推入了无底的深渊，成为万世唾骂的罪人，他们的名字将永远被钉在历史的耻辱柱上。

"古人不知今时月，今月曾经照古人。"我们追忆历史，是为了更好地展望未来；我们凭吊昔日的贤相，是为了学习他们的雄才伟略，追寻他们不同寻常的人生轨迹；同时我们也给奸相立传，用正义的目光谴责他们祸国殃民、蝇营狗苟的行径。

"以史为鉴，可以知兴替。"为了便于读者了解史实，以史为鉴，我们组织了一些谙熟史学的作者，群策群力，编辑了这部《中国宰相传》。本书选取了上起先秦的姜太公，下迄清代的李鸿章等历代宰相近百位，为之立传，虽管窥锥指，不能全部囊括，但读者可以窥一斑而见全豹。此外，由于有许多历史人物出将入相、将相一身，为了丛书的系统性、避免重复，《中国宰相传》《中国将帅传》两书在处理这类人物时做了有所侧重的安排。

本书每篇小传的内容包括历代宰相的家庭情况、政务作为、性格嗜好、趣闻轶事以及死亡原因等，均基于史实，以政事为主，兼及经济、文化、生活，熔知识性、思想性、趣味性于一炉，对于今人从政、经商、求知等，都不无启迪和教益。

本书在编写过程中，参考了历代正史和其他史著，也参考了一些今人的研究成果，在此深表谢意。由于水平有限，书中不免有值得商榷及错讹之处，欢迎广大读者批评指正。

编　者
2008 年 8 月

中国宰相传

目　录

中国宰相传

姜　尚

姜尚(约前1118－前998)，西周著名军事家、政治家，字子牙，东海(现江苏、山东一带沿海)人。因其祖上曾被封于吕，故又称吕尚，周文王时任宰辅、武王时被尊为尚父，三朝重臣。其最大的功勋在于推翻腐朽的商朝，建立周朝。

渭水垂钓　西岐拜相

姜尚踏上历史舞台正值商朝末年。商朝最后一个君主名叫商纣，是历史上著名的昏君、暴君。商纣王生活极其奢侈腐化，为了满足自己奢侈的生活，命成千上万的劳工不分日夜地为他修建了一座高台，称为"鹿台"。高台长三里，高千尺，上面饰满奇珍异宝。他还在院内挖出方池，在池中灌入美酒，称为"酒池"；在池边树林中挂上肉块，称为"肉林"。另外，纣王还有一个美艳绝伦的妃子名"妲己"。他非常宠幸妲己，为了讨她的欢心，整日不理朝政，沉湎于宴饮荒淫之中。

姜太公

不仅如此，纣王残暴成性。为了修鹿台，无数劳工死在沉重的劳役中。他命人打造一根铜柱，内置炭火，待铜柱烧红之后，将人衣服剥光，绑在铜柱上烫烙，称为"炮烙"之刑，专门用来惩处那些直言上谏，不按自己意愿办事的大臣。

姜尚就生活在这样的一个时代。他早年贫困，曾在棘津司厨卖过饭，在朝歌屠过牛、卖过肉，还做过小官，但深感纣王的无道而抑郁不得志，最后辞官而去。妻子马氏也离开了他。于是，无牵无挂的姜尚决定周游列国，寻一贤明君主佐之。后来，他听说西伯姬昌在西岐尊老且怀雄心大志，于是不远千里跋涉到西岐，垂钓于渭水边。

姜尚为了早日得到重用，他不用鱼饵，且直钩离水面三尺而钓。并且他还编歌教与渔、樵、耕、猎，让他们广泛传唱以期得到文王的注意。歌词中表达了自己怀才不遇，渴望遇到明主的心情。

果然，一天西伯姬昌来到渭水之滨，听到了渔夫、樵夫的歌唱，并借此找到了直钩垂钓的姜尚。他见姜尚仙风道骨，更多一分敬佩，便上前打躬询问："您鱼钩是直的，怎么能钓到鱼呢？"姜尚头也不回，朗声回答："这钩不钓鱼虾，专钓龙子龙孙，愿者上钩。"姬昌猛然醒悟，知道遇到了贤人，肃然起敬，上前与之交谈，十分默契。姜尚目光远大，学识渊博，令姬昌十分钦佩。于是姬昌邀姜尚一同上车回城，封为宰辅，即宰相之位。

翦除商翼　孟津阅兵

西伯侯任人为贤，姜尚也急于施展才华，以报"伯乐"识才。第二天，姜尚就上疏奏道："鸷鸟将要捕击时，必先弯曲其身子，收敛翅膀；猛兽将要捕斗时，必先垂下耳朵，趴在地上。大王要行动之时，必先装出愚钝的样子。"并提出了"修德以安内，施奇以谋商"的方针。

姬昌非常信任姜尚，也采用了他提出的方针，对内实行农人助公田纳九分之一租税，八家各分私田百亩，大小官吏都有分地，子孙承袭的政策。君臣的默契配合，使得西周迅速兴盛起来。

西周兴盛之后，姜尚开始了他的扩张计划。首先，调节了芮、虞之间的矛盾，使之成为自己的盟国。接着，征犬戎、伐密须、渡黄河，征邘灭崇，逐步翦除了商的羽翼。最后达到了"天下三分，二分归周"的局面，为一举灭纣创造了有利条件。

此时周的版图已经非常大，为了方便治理，姜尚建议，文王迁都丰京。不久，文王死，武王姬发即位，尊姜尚为"尚父"。姜尚又助武王推行善政，并教导之慎于行赏，使西周的政治愈加清明。

经过多年的备战，西周已蓄积了比较雄厚的力量。为了检验诸侯是否能云集响应，同心一致讨伐商纣，姜尚和武王决定在武王九年（前1048）在孟津举行军事演习活动，又称"孟津阅兵"。

军队出发前，姜尚左杖黄钺，右执白旄，威风凛凛号令军队："苍兕苍兕，总尔众遮，马尔舟辑，后至者斩！"

姜尚和武王前往孟津，在渡黄河行至中流时，一条白鱼跃入船中。众人大奇。后渡过黄河在途中休息时，又见一团火球从天而降，落在姬发所住的房子上。转眼火球变成一只鸟，颜色鲜红。众人又大奇，都认为这是灭殷之初始征兆。

到了孟津，诸侯不召自来的有八百之多。众诸侯认为，征讨商纣的时机到了。但姜尚和武王认为时机还未成熟，而且此次阅兵的目的已达到，商定打算在民心彻底背离商纣之时再一举击垮他。于是，各诸侯班师而还。

灭商兴周　治乱平叛

之后的二年，纣王更加荒淫无道，杀比干、囚箕子，暴虐已至极点。姜尚认为伐纣时机已经成熟，决定与诸侯二次会师孟津，共同推翻商纣。同时，他也完成了他的军事杰作——牧野之战，以一役毕其功推翻商王朝而闻名天下。

公元前1046年，姬发与姜尚一同率领周师沿渭水循黄河向孟津进发。为了显示其不夺胜利誓不罢休的决心，率军渡过黄河之后，姜尚命令将船只全部烧毁，桥梁尽数拆除，以示此次出征已无退路。

比　干

行军途中，忽然一阵狂风将军中大旗折断，接着又出乎意料地下了一场大雨。武王命人占卜，卦象显示不利。有人建议姜尚退兵，姜尚非常生气，说："今纣王将比干挖心、将箕子囚禁，重用飞廉之流的贪官污吏，伐之有何不当？用枯草占卜，能指望有什么结果？"仍令进兵。

两个月后，武王的部队在商朝都城朝歌外的牧野与商纣王的军队对峙。商朝的军队虽然人数众多，但大多数都是临时凑集的奴隶，他们早已恨透了商纣王的残暴统治，盼望有人早日推翻纣王，使他们获得解放。所以战事一开始，他们不仅没有抵抗周军的进攻，而且反戈一击，商纣王的几十万大军瞬间就溃不成军，土崩瓦解了。

纣王率领残兵败将逃回城内，感到穷途末路，气数已尽，于是穿上锦绣衣服，聚集起搜刮来的珠宝，登上鹿台，命令手下架起干柴，一声长叹，自焚而死。商朝的江山也随之化为灰烬。

姬发和姜尚率军杀入朝歌，发现纣王已死，于是宣布商朝灭亡，周朝建立。安抚好朝歌的百姓之后，姬发和姜尚凯旋还师。不久，武王建都于镐，周朝正式建立，史称西周。武王姬发论功行赏，共封了71个诸侯。因姜尚功高，且为东海人，所以把东临大海、西至黄河，土地肥沃的齐地封于他。

姜尚到齐之后，进行了一系列的整顿与改革。他首先废除了商纣留下的许多繁文缛节，整顿了吏治，了解礼仪风俗，制定各项规章制度。姜尚深知经济的重要性，所以非常重视工商业的发展。他利用地理优势，大力发展渔业、盐业。他又任人唯能，使人才多归于齐，使得齐国成了盛极一时的大国。

两年后，武王姬发病逝，其子姬诵即位，号成王。成王年幼，由武王弟弟姬旦辅佐，代为执行政务。武王的另外两个弟弟管叔姬鲜和蔡叔姬度非常不服，令下属四处散布谣言，说周公旦名曰摄政，实际想篡位。流言传到周公那里，使他惴惴不安，连忙写信给远在齐国的姜尚，对此事作出解释。姜尚非常理解和支持周公，并给予了有力的帮助，最终消除了流言。

管叔和蔡叔见流言破灭，却仍不罢休，并且勾结商纣之子武庚叛乱。叛乱先由武庚的封地开始，逐渐蔓延到东至大海的广阔区域，刚刚平定的周室江山又硝烟四起。

在这紧要关头，周公决定平乱，并请求姜尚出兵协助，同时，授权姜尚及齐国可以征讨任何一个不服从周朝的诸侯，这使齐国多了一个特权，地位也明显高于其他诸侯国。姜尚欣然应允，经过3年的征战，终于平定了叛乱，纣王之子武庚被斩首，主谋管叔也被周公大义灭亲处死，蔡叔被流放。从此，齐国巩固了诸侯大国地位，成了周朝的东方屏障、擎天之柱。

姜尚的一生富有传奇色彩，前半生一直不得意，直到渭水边垂钓遇到文王拜相，此时他已年过花甲。其一生辅佐西周三代君王，无论文治还是武功都业绩非凡，几千年来一直受到人们的推崇与爱戴。

管　仲

管仲(？－前645)，春秋第一名相。名夷吾，字仲，颍上(今安徽颍上)人。他对内在政治、经济、军事上施行一系列改革；对外采用"尊王攘夷"的方针，最终使齐桓公成就了一代霸业。

管鲍之交　齐国拜相

管仲(？－前645)，名夷吾，颍上(今安徽颍上)人。管仲有位好朋友鲍叔牙，他深知管仲之才，对他非常敬重。"贫贱之中见真情"。在管仲生活最困苦的时候，好友鲍叔牙向他伸出了援助之手，诚心诚意地帮助他渡过难关。他们俩曾经一起经商，赚了钱，管仲总是多分给自己，少分给鲍叔牙。然而，鲍叔牙却从来不和管仲斤斤计较。对此人们背地议论说管仲贪财，不讲友谊。鲍叔牙知道后便替管仲解释，说管仲不是不讲友谊，他这样做，是由于他家境贫寒，多分给他钱，是自己情愿的。管仲三次参加战斗，但三次都从战场逃跑回来。因此人们讥笑他，说管仲贪生怕死，没有牺牲精神。鲍叔牙面对这种讥笑，深知这不符合管仲的作为，就向人们解释说：管仲不怕死，因为他家有年迈的母亲全靠他供养，所以他不得不那样做。管仲知道鲍叔牙这样对待自己，非常感激地说："生我者父母，知我者鲍叔牙。"两人至此结下了金兰之好。

管仲和鲍叔牙都有远大的政治抱负。他们弃商从政后，分别去辅佐齐襄公的两个弟弟。管仲看好公子纠，鲍叔牙却看好公子小白。不久，齐国发生内乱，公子纠与管

管仲

仲逃往鲁国，公子小白与鲍叔牙逃往莒国。又过不久，齐襄公的堂弟公孙无知杀死襄公自立为国君。没过几天，他又被民众杀死，齐国出现了国无君主的局面。

公子小白之母是卫国之女，受宠于齐僖公。齐国于是就派人前往莒国迎公子小白回国为君。鲁庄公则想立公子纠为齐君，他得到消息后，立即派管仲率领一部分兵马去拦截公子小白，以消灭公子纠的竞争对手。

管仲带着30辆兵车，日夜兼程，赶到了莒国通往齐国的必经之路即墨（今山东平度东南），在那里埋伏守候。当公子小白的车队一出现，管仲对准公子小白一箭射去，正好射中了公子小白的铜衣带钩。公子小白立即倒在车中，假装被射死。

管仲见公子小白已被射死，便赶快派人报告鲁庄公公子小白已死。这一来，护送公子纠的队伍放了心，也就放慢了行路的速度，结果一直走了6天才到达齐国。而这时候，公子小白早已赶到了齐国，被立为国君，是为齐桓公。

齐桓公即位后，鲍叔牙向齐桓公推荐了管仲。齐桓公十分恼怒地说道："管仲用箭射我，企图致我于死地，我难道还能重用于他吗？"

鲍叔牙劝齐桓公道："做臣子的理应各为其主。他拿箭射你，正是他对公子纠的忠心，可见此人的忠心耿耿。常言道：一臣不侍二君。管仲的忠心天地可知，神灵可明。论本领，管仲比我强百倍。主公如果想干一番大事业，非用管仲不可。"齐桓公本来就是个宽宏大量的人，听了鲍叔牙的话后，原谅了管仲的过错，并任命他为相，让他协理朝政。

辅佐桓公　称霸诸侯

管仲任相后，深受齐桓公重用，得以大展其才。一天，齐桓公向管仲请教治国之策。管仲答道：要使国家强盛，首先要发展经济，只有发展生产，才能富民足食。"仓廪实而知礼节，衣食足而知荣辱。"礼、义、廉、耻是维护国家的根本原则，这些原则若被破坏了，国家就要灭亡。只有发展经济，弘扬这些基本原则，国家的法纪制度才能建立起来，国家的力量才会强大。齐桓公听了点头称允，放手让他在国内大刀阔斧地进行经济改革。

改革伊始，管仲首先打破井田制的限制，采取"相地而衰征"的进步措施，即按土地的好坏，分等征税，让百姓安居乐业。他还积极提倡开发富源。由于齐国东临大海，他鼓励百姓大规模地下海捕鱼，用海水煮盐，对渔、盐出口皆不纳税，以鼓励渔盐贸易。同时，他下令齐国各地大开铁矿，多制农具，提高耕种技术。为进一步加强对盐、铁的管理，管仲还设置盐官、铁官，利用官府力量发展盐、铁业。当时离海较远的诸侯国不得不依靠齐国供应食盐和海产，别的东西可以不买，而盐非吃不可。因此，齐国收入渐渐增多，日积月累，逐渐富裕强大起来。

在对外政策上，管仲积极促使齐桓公采取"尊王攘夷"的方针。因为在当时如公开夺取天子的权力，必然会招致诸侯们的联合反对，而"尊王（周天子）"则可从道义上得到诸侯国的支持；"攘夷"是一方面致力于抵御严重威胁中原各国安全的北方少数部族山戎和狄人，另一方面则是暗中遏止从江汉极力向北扩张的楚国（楚国非西周初年分封之国，当时被视为蛮夷之邦），这是中原诸国的共同心愿。

晋献公十五年（前662），鲁国发生内乱，鲁闵公被庆父杀死，鲁僖公即位，庆父畏罪自杀。这正是"庆父不死，鲁难未已"的典故所在。僖公为了巩固君主地位，与齐国会盟于落姑，有齐国的保护，鲁国得以安定下来。至此，齐桓公德名远播诸侯，威望散布天下。

管仲还辅佐齐桓公领导同盟国共同打击夷狄。管仲认为：齐国如果能够治服北方戎狄，就消除了中原大患，齐国的威望将在诸侯中得到极大提高。当时位于东周最北方的燕国，经常受戎、狄族的侵扰。于是，在燕军的密切配合下，齐桓公亲率大军北征，将山戎打败。山戎的残兵败将向东北方向逃窜，齐桓公率军穷追不舍，将山戎的同盟国令支和孤竹击败之后才回师燕国。齐军的胜利极大地提高了齐桓公的号召力，使得渤海沿岸一些部族小国纷纷归顺了齐国。

将山戎打败之后，齐桓公听取管仲的意见再次领导同盟国打击北狄。北狄人灭了卫国，还杀了卫懿公，拆掉了卫国的城墙，到处烧杀抢掠。由于北狄人的洗劫，卫国国都只剩下730人，加上从别处逃来的，也只有5000多人。卫国国都四处废墟一片，齐桓公率兵赶往卫国，狄人纷纷溃退。第二年，为了帮助卫国重建家园，齐桓公牵头联合宋、曹两国帮助卫国在楚丘（今河南滑县东）建立新城作为国都。齐桓公大义救卫，慷慨扶助，使得他在中原诸侯国中的威望更高了。

周惠王二十一年，齐桓公率领齐、宋、陈、卫、郑、许、曹、鲁等八国军队打败靠近楚国的蔡国；接着以楚国不向周天子进贡祭祀的包茅和周昭王被淹死于汉水为理由，进军楚国。最后迫使楚国在召陵（今河南郾城东）与之结盟修好，挡住了楚国北进的势头，楚国接着也派使臣向周天子进贡包茅，表示尊王。

齐桓公北阻戎、狄，南遏楚国获得成功后，得悉周惠王想废太子郑，另立太子，便出面力保太子郑的地位，反对周惠王废长立幼。他在从召陵回来的第二年（前655），又以拜见太子为名，邀集诸侯在首止（今河南睢县东南）集会，周惠王只好让太子郑去首止同诸侯见面，等于公开肯定太子郑的地位。周惠王二十五年（前652），周惠王死，齐桓公在洮（今山东鄄城西南）召集八国诸侯相会，拥立太子郑为王，这就是周襄王。襄王感激桓公，准备派人送给祭肉、弓箭和车子。齐桓公乘机以招待周王使者为名，在周襄王元年（前651），于葵丘（今河南兰考）会盟诸侯。周襄王便派宰孔为代表参加，并特许齐桓公免去下拜谢恩的礼仪。齐桓公本想答应，但管仲说："不可。"齐桓公这才下拜接受周襄王的赐物。管仲之所以这样，就是想让齐桓公给人以处处维护周天子的印象。

齐桓公四十一年(前645)，管仲病重，他看到已届古稀之年的齐桓公骄横专断、贪恋美色、喜欢阿谀奉承，一批佞人则受到宠信，而他的六个儿子又都想继位，管仲担心国家将发生大乱。为此，他劝齐桓公务必立公子昭为太子，并疏远奸佞小人。当齐桓公向他问起易牙、竖刁、开方等人可否为相时，管仲指出：竖刁自宫来伺侯国君、易牙杀了自己的儿子煮给国君吃、开方背弃喜爱自己的父亲来讨好国君，都是不合人情的，他们决不会爱别人，不会忠于齐桓公，对这些人绝不能任用。但齐桓公听不进管仲的这些逆耳忠言。管仲去世后，桓公就重用这三人，从此，齐国的政局更加混乱。

苏 秦

苏秦(? —前317)，战国时代纵横家。洛阳人。曾挂齐、楚、燕、韩、赵、魏六国相印。学说取法诸子百家，讲究机谋权变，游说各国，倡导合纵抗秦，被推为纵横家代表人物。

游秦不遇 二次苦读

苏秦是东周时期洛阳人，家境贫寒，祖辈皆以务农为生。家里有父母兄嫂、妻子和两个弟弟。尽管家境不好，但苏秦从小志向远大，不甘像祖辈们一般一生务农，他想干出一番事业。于是，他到了齐国，与庞涓、孙膑、张仪一起向鬼谷子学习兵法。

学成之后，苏秦便开始游列国，说诸王，渴望他们能够重用自己，干出一番事业。他先来到周朝，拜见了名存实亡的周朝大王——周显王。周显王很欣赏苏秦机警而有口才，打算录其为官。可周显王左右大臣却不以为然，认为苏秦出身微贱，不配与之同朝为官，所以不愿显王留之重用。苏秦也只好离周而去了秦国。

此时正处于战国的中期，各诸侯国均通过战争和兼并土地来扩大其版图，以期称雄诸侯国。同时，他们还纷纷通过变法来增强其实力。但历史上的每一次变革或改革都不是一帆风顺的，都要付出生命和血的代价。此时的秦国正经历了这样的变革。尽管商鞅的变法使秦国国力增强，但新法还是触及了旧贵族的利益，在旧势力的反扑之下，刚即位不久的秦惠王便杀了商鞅，废除了新法，并把怨恨之心转到了外来的说客身上。苏秦连上十余次奏章，秦惠王都不予理会，无奈之下，苏秦只好离开秦国。这样，游历了多年之后，一无所成。钱也花光了，只好悻悻回家。到家之时，面容黑瘦，憔悴不堪，形如乞丐。

狼狈而归的苏秦受到了家人的冷落，父母背过脸去不理他，妻子正在织布也不迎接，嫂子不给他做饭吃，邻居也嘲笑他说："咱们不是经营产业，就是经商，用其十之一二利润作为谋生手段，而你不去经商赚钱，养家糊口，还以搬弄口舌为职业，丢了根本，遭受穷苦，真是活该！"苏秦也为此深感自责，但他并不气馁。而是闭门不出，日夜研究《阴符》《揣情》等书，学习打动人主的办法，时常直到深夜，困倦了，就用锥子刺大腿来警醒自己。就这样，一年之后，学问大有长进，于是他决定二次复出。当然仍不免遭到父母、妻嫂、邻居的奚落，但这并没有改变苏秦复出的决心。直到后来苏秦六国拜相，父母、妻嫂、邻居一改往日的傲慢，无不谦恭地巴结苏秦的时候，苏秦由衷地感叹人间的世态炎凉。

二次复出　合纵抗秦

"乱世出英雄。"苏秦二次复出的时候，诸侯争霸已达白热化。诸侯国经过兼并只剩下少数，其中以齐、楚、燕、韩、赵、魏、秦七国最强，史称"战国七雄"。七国之中，又以秦最为强大，楚次之。各国为了各自的利益，尔虞我诈，朝秦暮楚，相互利用，都想在战争中保全自己，打击别人。这也正给苏秦一个展示自我的舞台。

公元前333年，复出的苏秦首先来到赵国，但因赵国国君的弟弟寿阳君不喜欢苏秦，苏秦只好离赵去燕。

在燕国住了一年后，苏秦才得以见到燕文公。苏秦先问燕文公："燕国土地富庶，这些年来人民安居乐业，没有战争的困扰，您知道其中的原因吗？"燕文王摇摇头。苏秦说："燕国之所以不被诸国侵扰，是因为南边有赵国作屏障啊！秦、赵两国多年杀戮征战，双方都已筋疲力尽，燕国才平安无事。所以燕国不必害怕秦国，因为其无法越过赵国；而赵国若要攻打燕国，则是顷刻之间的事情，所以燕国真正的忧患在赵国。若大王与赵国和好，则燕国没有后患了。"燕文王听后认为很有道理，就让苏秦带上车马、金帛等去赵国活动合纵之事。

苏秦二次回到赵国之时，奉阳君已死，赵国又受着秦国的威胁，当听说苏秦带厚礼拜见时，赵王忙率百官出宫迎接。苏秦向赵王陈明利害，说："秦国忌惮魏、韩，所以不敢加兵于赵。所以魏、韩是赵国的屏障。因此要结盟魏、韩，如果东方六国合起来，土地为秦国的五倍，军队为秦国的十倍，合力而攻秦，秦必大败。现在您迫于秦国势力割地称臣，实在是下策啊。"

苏秦又说："天下皆称赞大王的品德。我私下为您策划，由大王发起，邀六国之君，在洹水举行盟会，合纵亲善，共同反抗秦国，并宣读盟誓，不论秦国出兵打哪个国家，其他国家都必须出兵援救，否则，其他五国共讨之，这样一来，秦国军队就不敢出兵函谷关，大王的霸业也指日可待了。”

赵王听后非常高兴，给予苏秦大量赏赐，并让他带足资用以联系各国。从此，苏秦进入了他一生的转折点。

紧接着，苏秦用激将法逼张仪返回了秦国，又游说韩、魏、齐、楚等国的国君，向他们陈明合纵的好处。最终，东方六国的国君达成一致，会盟于洹水，并盟誓愿倾本国所有力量，合力抗秦，听从苏秦调遣，并推苏秦为合纵联盟盟长，挂六国相印。至此，六国合纵成功，苏秦也达到了他事业的巅峰。

忠心事燕　二合六国

苏秦合纵六国之后，回到赵国，被封为武安君。由于六国合纵，秦国不敢兵出函谷攻打六国，这种状态持续了15年。后来，六国内部逐渐人心不一。于是秦国国君利用张仪之计，暗施反间计，挑拨齐、魏两国，使之进攻赵国，六国合纵联盟从此瓦解。

合纵联盟解体使苏秦进入了事业的低谷。他不能再留在赵国，只得投奔燕国。不幸，他的保护伞燕文公已经去世，易王继位。后因易王几次想将君位禅让给子之，招来齐宣王大举攻燕，结果易王身死，子之被杀，齐国占燕十余城。燕国国力衰弱。

易王身死，燕昭王即位。燕昭王是位有为之君，筑黄金台，广招贤良。乐毅、邹衍等纷至沓来。苏秦也在此时出使齐国，凭三寸不烂之舌，劝齐王归还了当初占领燕国的十余座城池。燕昭王大喜，正准备奖赏苏秦的同时，又听有人说苏秦是个反复无常的臣子，会出卖国家，因此对苏秦也产生了怀疑，不让其担任官职。

立功而得不到重用的苏秦面见燕王，讲述了一个因忠信而遭恶报的故事：一个人外出三年，妻子与他人私通，当他回来时，妻子备好毒酒准备毒死他。她命侍妾将毒酒端给丈夫，而这个侍妾既不想害死丈夫，也不愿女主人被逐，就假装摔倒，将毒酒洒掉。苏秦并称自己在燕国的遭遇和这个侍妾一样。故事打动了燕昭王，使得燕昭王相信了苏秦的忠信，不仅恢复了苏秦的官职，而且比以前更加优待。

苏秦虽曾六国拜相，现又官居显位，但并不检点个人行为。他常与燕文侯的夫人私通。燕王知道此事，并未怪罪苏秦。而苏秦唯恐因此事被杀，便向燕王请求到齐国作"间谍"，实施"西劳于宋，南疲于楚，则齐军可败"的打击策略。燕王认为这也是一举两得的方法，就假使苏秦获罪燕国而投奔齐国。

投奔到齐国的苏秦受到了齐宣王的重用。不久，齐宣王死，齐湣王即位，苏秦就劝其厚葬宣王以示孝心。后又让湣王广建宫室，大兴土木，实为消耗齐国国力。接着，苏秦又利用湣王想占宋国定陶之心鼓动湣王攻打宋国，利用秦国和赵国都有占定陶之心而从此结怨齐国。不知是计的齐湣王利令智昏，随即派兵攻打宋国。此时，秦昭王自立为西帝，苏秦又建议湣王再次合纵而攻秦。湣王也以苏秦为相游说各国，时魏国、赵国也想借此夺回被侵占的土地。楚、韩也各怀目的，燕国更是为了表示忠心服从于齐，一面派兵攻秦，一面助齐攻宋。于是，苏秦二次合纵成功实现。秦国慑于合纵的声势而取消帝号并归还了魏国、赵国的土地。第二年，齐国攻占了宋国。也正因此齐、秦结怨更深，齐国也成了众矢之的。苏秦达到了陷齐于孤立的目的。

不久，苏秦为燕国间谍的事情被泄露了出去，齐湣王十分恼恨苏秦，立即将苏秦逮捕，处以车裂之刑。一代纵横家就这样结束了一生。

李　斯

李斯(?—前208)，秦朝秦始皇时左丞相。战国时楚国上蔡(今河南上蔡县西南)人。李斯是个功过、毁誉参半的人物。秦始皇依靠他不论国别、任人唯贤的谋略统一了全国。但他却因贪图富贵而助纣为虐，与赵高合谋篡改诏书，最终又葬送了秦王朝。

从师荀子　效力秦国

李斯本是布衣出身，起初只做了个郡中的小吏。然而，他胸怀大志，根本没想过要在这芝麻大的职位上老死终身。有一次，他看见官舍厕所中的老鼠偷食污秽之物，每逢有人和狗过来，立刻惊恐万状，仓皇逃窜，又见粮仓中的大老鼠肆无忌惮地啮食积粟，居住在大房子里，坦然自若。李斯触景生情，感慨万端："一个人才能的有无、本事的大小，就像老鼠一样，全看自己处在什么样的环境了。"他决心改变环境，像粮仓中的大老鼠一样，谋求更高更好的地位。

于是，李斯辞去小吏职务，来到了齐国兰陵(今山东苍山兰陵镇)，拜荀况为师，同韩非一齐学习"帝王之术"。荀况是当时的儒学大家，其学术发展了孔孟思想，倾向于法家的某些理论。而他的学生李斯和韩非，后来成了法家的理论大家和实践者。李斯学成之后，分析形势，准备寻觅施展才华、攫取荣华富贵的广阔天地。他纵观七国，认为楚王胸无大志，不足为谋，六国日渐衰弱，缺乏建立号令天下奇功的可能；只有秦国已经奠定了雄踞于七国之首的政治、军事、经济基础，可望替代已名存实亡的周室而一统天下。于是，他决定西入强秦。

李斯只身来到秦国，当时秦国的形势是：秦庄襄王驾崩，新主即位，吕不韦独揽朝政大权。李斯看到吕不韦大权在握，于是便投奔到了吕不韦门下。吕不韦听说他是大儒荀子的弟子，于是便与他深谈，知道李斯才华非凡，属奇货可居之人，就收了李斯为门客。李斯参与了《吕氏春秋》这部大型著作的修改与审订。《吕氏春秋》完成的庆功宴会上，李斯向吕不韦表忠心说："我只愿借助相国的春风，下一场润泽秦国大地的好雨。"吕不韦听后对李斯非常赞赏。

荀　子

吕不韦向秦王推荐李斯，秦王让李斯当了郎官，专门守护宫门、侍卫秦王。

当上了郎官的李斯终于取得了与秦王接近的机会，这是他人生的第二个转折点，机会千载难逢。秦王政与李斯言谈非常契合，李斯抓住时机，给秦王政写了一道统一天下、吞并六国的奏疏，并亲自将奏疏呈送给了秦王政。秦王政看后非常欣赏李斯的才华，认为与自己想的一样。于是便任命李斯为长史，让他参与朝政决策。

不久，吕不韦想要篡权夺位的面目日益暴露。李斯敏锐地感觉到秦王政与吕不韦之间，可能会有一场殊死的权力之争。李斯权衡了利弊得失之后，决定疏远吕不韦，向秦王政靠近。一次，他向秦王政献计说："臣私下以为，可以暗中让人持黄金去结交六国的权贵，收买各国的权要，使他们为秦国服务。"秦王政认为此计甚高，便派人依计而行，取得了很好的效果。李斯因此渐渐获得了秦王政的赏识。秦王政拜李斯为客卿，客卿的位置仅在宰相之下。

在秦王政与吕不韦的权力之争中，李斯始终坚定地站在秦王政这一边，终于将吕不韦等人斗败。吕不韦死后，颇有心机的李斯并没有参加吕不韦的丧事。事后证明这是明智之举。因为秦王政宣布：凡参加吕不韦丧事的吕不韦门客，都要被逐出咸阳。李斯侥幸躲过了这一劫难。但不久又风声乍起，秦国宗室掀起了一场排外运动，认为客卿是变乱之根源。为此，秦王政下了"逐客令"，驱逐来自五湖四海的客卿。李斯不向命运低头，上书秦王政，列举客卿的功绩，这便是著名的《谏逐客书》。秦王政采纳了李斯的意见，取消了"逐客令"，将李斯官复原职。李斯的治国思想终于获得了秦王政的认同。

力主变革　焚书坑儒

秦国统一六国后，李斯和朝中元老们在行政体制的管理上产生了重大分歧。有人力主分封制，李斯则强力反驳，他痛斥分封制，认为这正是导致江山四分五裂的积弊。李斯力主巩固和完善郡县制。最终李斯的主张得到了秦王政的肯定，于是秦始皇决定废除分封制，建立郡县制，将天下划为三十六郡。不久，李斯被任命为左

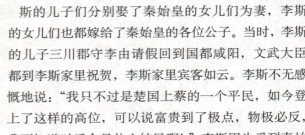

丞相。至此，李斯终于登上了一人之下，万人之上的相位，到达了一生权力的巅峰。

李斯与秦始皇之间呈现出了一种亲密的合作关系。二人携手合作，秦始皇为了笼络李斯，让李斯的儿子们分别娶了秦始皇的女儿们为妻，李斯的女儿们也都嫁给了秦始皇的各位公子。当时，李斯的儿子三川郡守李由请假回到国都咸阳，文武大臣都到李斯家里祝贺，李斯家里宾客如云。李斯不无感慨地说："我只不过是楚国上蔡的一个平民，如今登上了这样的高位，可以说富贵到了极点，物极必反，我不知道以后会是什么结局啊！"李斯因为受到秦始

秦始皇

皇的宠幸，治理国家也更加卖力，辅佐秦始皇更加潜心。在政治上充分发挥出了自己的才能。

为了促进战后的大政统一、社会安定及农业发展，李斯还向秦王政建议要实现五个统一：一是统一天下的文字；二是统一法制；三是统一货币；四是统一度量衡；五是统一朝廷各级官员的服饰。秦始皇完全接受了这些建议。在李斯的策划之下，大秦王朝结束了混乱的状况，天下安定太平。

秦始皇三十四年（前213），始皇在咸阳宫大宴群臣，以庆祝伐匈奴、征南越的胜利。宴会上，博士仆射周青臣阿谀始皇、歌颂郡县制，颇为肉麻，这让秦始皇听得很是舒服。然而，博士淳于越却不识进退，唱起了反调，对殷商以来沿袭一千多年的分封制大加称赞，并且还说："事不师古而能长久者，非所闻也！"

对于淳于越的观点，秦王让李斯做决断，李斯表示坚决反对。他认为：一般人们都喜欢以古贬今，往往引用一些不切实际的、虚浮的文辞来批驳当今的现实。人们又都以为自己所属的学派学术思想是正确的，因此便以之来否定皇帝所施行的政策、法令。现在秦王统一了天下，就应该使人们都来尊崇皇帝一人，如果任凭诸子百家各个学派各执己见，那么皇帝至高无上的权力及威望就要受到影响。因此他建议，除《秦记》以外，列国史书皆焚毁；除博士官署所掌管的之外，私藏《诗》、《书》百家语的人，限期送郡守、尉处烧毁，谁敢私下议论《诗》《书》，便在闹市中处以死刑；以古非今者满门抄斩；官吏如果知道实情而不举报，治以同罪；如果禁令下达30日还不烧书，便处以黥面的刑罚，罚四年筑城劳役；唯医药、卜筮、种树之书不烧。如果想学法令的人可以以官吏为师。秦始皇批准了李斯的意见，下令遵照执行。诸子百家的著述就这样便付之一炬了。

焚书的第二年，方士侯生、卢生，一向怂恿秦始皇寻求长生不老的仙药。但后来，他们求药不得，便诡称有恶鬼作怪，劝始皇微行以避恶鬼。接着又私下讥议秦始皇，说他刚愎自用，贪于权势，专任狱吏，而博士不被任用，因此决定不再为秦

始皇寻找仙药，然后便逃之夭夭。

秦始皇大怒，认为诸生妖言耸听，扰乱民心，便派御史严加追查。儒生们在审讯之下，为开脱自己，互相告发，总共牵连到460多人，始皇下令，将他们在咸阳城全都活埋。这就是历史上的"坑儒"惨剧。

伪造遗诏　腰斩咸阳

始皇三十七年（前210），秦始皇第五次出行。右丞相冯去疾留守，左丞相李斯与掌符玺及颁发诏令的宦官首领赵高随从。十八子胡亥随侍左右。七月，秦始皇来到沙丘（今河北平乡东北）时生了病，他便命赵高写遗诏给公子扶苏，命他将兵权交给蒙恬，速到咸阳会齐，但遗诏还未送出，始皇就去世了。遗诏和玺印都在赵高那儿，只有胡亥、李斯等少数人知道皇帝已死。李斯认为：始皇之死会引起举国慌乱，何况又是死在巡游途中，并且生前又未立太子。他唯恐诸子争位，天下生变，于是决计秘不发丧。

赵高扣留了赐给扶苏的玺印与遗诏，就去说服胡亥，请胡亥伪造诏书，假托始皇之命，诛杀扶苏，改立胡亥为太子。胡亥认为此事要和丞相李斯商议才成，赵高便去找李斯。赵高很懂李斯保位谋身的心理，于是抓住要害，对李斯百般威逼利诱。李斯虽然不愿违背秦始皇的遗旨，但却害怕失去已取得的富贵和地位。经过多番权衡、犹豫，他终于同意与胡亥、赵高合谋，共立胡亥为太子。于是假传始皇诏命，赐扶苏、蒙恬死。

胡亥靠着一种偶发事件当上了秦朝的二世皇帝，却无法靠偶然来统治宇内、驾驭臣下。于是采用了赵高的建议，软硬兼施，一方面用严刑酷法来收拾那些心怀怨望、难以驾驭的皇亲国戚与功臣宿将；一方面则用高官厚禄来收买那些原本地位低下、容易被操纵的人。

对于二世的所作所为，李斯有时随声附和，有时退让默许，有时竟公然赞助，完全丧失了一位政治家应有的谋略与胆识，成了一个保位苟全的庸人。秦二世元年（前209）七月，陈胜、吴广揭竿而起，关东豪杰纷纷响应。李斯这才意识到了问题的严重性，他想力挽狂澜，可惜心有余而力不足。

李斯的儿子李由当时任三川郡守，他主管的地方起义军势力很大，秦二世为此意欲追究李斯的责任。李斯害怕了，便上书给皇帝，建议皇帝"独断于上"，对臣下"行督责之术""灭仁义之途""绝谏说之辩"。

胡亥得到李斯的奏章，大喜，马上实行"督责"之术。

赵高

政治措施、刑法律令比以前更加苛刻。官吏越能横征暴敛，便愈"贤明"。没过多久，举国上下刑者相伴于路，死者日积于市，杀人愈多者愈得到任用。

秦二世每天不上朝，把朝政全交给赵高处理，自己则在后宫享乐。李斯对此很不满。赵高就鼓动李斯谏阻秦二世的所作所为。

李斯本想劝谏皇帝，苦于没有机会。赵高对李斯应允："您如果想进谏，我替您注意着，待一有机会，就通知您。"赵高于是便乘二世胡亥与宫女闲居娱乐时，派人通知丞相："皇帝现在有闲空儿，正可趁机入奏。"李斯听说后马上进宫，请求面见皇帝，这惹得二世很不愉快。像这种情况，连续出现了两三次。二世胡亥非常恼火，以为李斯是有意与自己过不去。赵高见时机可乘，便向皇帝进谗言。他说："李斯是心存怨气，沙丘废立之谋，李斯参与了，现在，您已经被立为皇帝，丞相却未能有更大的收获。我想，他是要您封他为王，才会满足的。"并且信口雌黄，说李斯的儿子李由与陈胜有往来。胡亥信以为真，便派人追查些事。

李斯知道事情原委之后，才明白赵高的险恶用心，便上书极力诋毁赵高，言辞尖锐犀利。二世却将李斯的话全都告诉了赵高。

胡亥受了赵高怂恿，先将李斯免相，降为郎中令，接着又以谋反的罪名逮捕了李斯，交由赵高审理。赵高对李斯严刑拷打，李斯受不过，只好屈招。

赵高逼李斯屈招罪过之后，怕他更改口供，于是，派他的死党假扮成御史、谒者、侍中等官员，对李斯轮番进行审讯。只要李斯一改口供，马上便严刑拷打。后来，二世皇帝派人调查李斯的事，核对李斯的口供。李斯认为又与前几次一样，只要一说真话就受刑，所以没敢再更改口供，用书面形式，承认了自己犯罪属实。二世皇帝二年(前208)七月，李斯被判刑，腰斩于咸阳。父母、兄弟、妻子三族也被夷灭。

萧 何

萧何(? —前193)，汉初丞相。秦末泗水沛(今属江苏)人。汉高祖刘邦谋士、辅臣。封相国，与韩信、张良一起被誉为"汉初三杰"。谥号"文终侯"。

智识刘邦 巧谋善断

萧何出身较为低微，是一个地地道道的平民百姓，生活在秦始皇君临天下之时。他虽然胸怀大志，但为人却十分小心谨慎，从来不会做没有把握的事情。萧何熟悉法律条文，在沛县做功曹，充当县令的副手时办案公正，很有政绩，充分显露出了自己治国安邦的才华。因此，他在当地的名声也非常响。

萧何喜欢结交朋友，他交往的朋友中就有刘邦、曹参。刘邦当时是泗水亭的亭长，萧何身为沛县主吏，地位远在刘邦之上，但萧何却对刘邦十分偏爱，对他很是照顾。有一次，刘邦押了一群犯人去咸阳，各地的官员都送钱给刘邦作为路途的费用，都只送少许钱，唯独萧何厚金相赠。萧何对刘邦非常器重，还充当刘邦的月老，将吕雉介绍给刘邦为妻。

就在这时，陈胜、吴广在大泽乡首揭义旗，起兵反秦。沛县县令也想响应他们的起义。于是，萧何、曹参建议召已经起兵的刘邦共举义旗。然而等到刘邦来了后，沛县县令却背弃前约，闭门不纳，并且要诛杀萧何、曹参。萧、曹二人惶然无措，急忙逃出。刘邦大怒，用箭把信射入城内，告谕城中父老，陈说事情利害。城中吏民便一起杀了沛县县令，开门迎接刘邦。刘邦依仗萧何、曹参，收聚沛县子弟3000人，响应陈胜、吴广。等到刘邦做了沛公，萧何便做了县丞，督办诸种事务。从此，萧何便跟定了刘邦，为之出谋划策，用自己的远见卓识辅弼刘邦建功立业。

沛公刘邦军势日益壮大，不久攻占了秦朝的都城咸阳。一入城，将领们都忙着赶往秦朝府库，抢掠金银宝物，而萧何却直入官府，收集秦朝丞相御史的律令图书，并认真加以收藏保管。刘邦后来能够熟知天下的险关要隘、郡县的户口多寡以及民生疾苦、社会状况，在争夺天下的过程中顺时应变，都得力于萧何所收藏保护的图书典籍。

秦帝国灭亡后，项羽封刘邦为汉王，令其建都南郑；又将关中之地分为三份，封给秦的三位降将，命他们阻挡刘邦东归。刘邦当然不甘居于偏僻之地，打算率军与项羽硬拼。萧何与张良等人认真分析了当时的两军实力，认为不能与项羽发生正面冲突，因为敌势太大。应该先保存实力，等待时机，再与项羽争雄。他们提出应该据汉中，招贤人，养百姓，收巴蜀，攻占三秦，然后再统一天下。事实证明，萧何等人的见解是可行的，也真的成了刘邦夺取天下的总方针。刘邦听从了他们的意见，并封萧何为丞相。

月下追韩　运筹关中

萧何身为丞相，一面为刘邦治理政务，一边网罗贤才为刘邦所用。萧何用人的原则一向是唯才是举，既能识别人才，又能尊重人才，他深知治国治天下没有人才是不行的。其中韩信是萧何为刘邦推荐的一名在争夺天下的过程中发挥了极其重要作用的人物。当时韩信只是刘邦手下的一个负责钱粮的小官，由于不被重用，韩信连夜逃跑。萧何来不及禀告刘邦就连夜亲自去追韩信，后来终于将韩信追了回来。事后萧何向刘邦推荐说："韩信是个难得的栋梁之才，如果陛下想要拥有天下，那么没有韩信是万万不可的。如果大王仅仅想当个汉中王，那么韩信有无都无所谓。"刘邦听从萧何的建议，亲自为韩信设坛拜将。韩信后来果然成了刘邦麾下的一位横扫千军的帅才。

公元前206年八月，偏居南郑的汉王刘邦听取了大将军韩信提出的"先攻取关中，后图项羽"的建议，用"明修栈道，暗渡陈仓"之计攻取了关中。这样一来，刘邦便夺取了函谷关以西的广大地区，实现了第一步战略目标。随后刘邦挥师东进，正式拉开了楚汉战争的帷幕。

楚汉战争开始后，刘邦率领大军在第一线作战，萧何留守后方。部队的粮草辎重等都由后方提供，萧何办事稳妥，治国有方，在楚汉战争中是刘邦最坚强的后盾。他倾注全部的精力治理关中，守住后方，采取了一系列行之有效的治国安邦之策。在他的治理下，百姓安居乐业，生产得到很大的发展，充分满足了前线将士的需要。

公元前204年，刘邦与项羽争夺天下，在京索两地对峙。汉王派使者慰劳丞相。有人建议萧何应该派自己的子孙兄弟都上战场，以消除刘邦的疑心。萧何听从了他的意见，让自己的兄弟子孙都上战场。刘邦非常高兴，从此对萧何更加信任。

在刘邦与项羽争夺天下的过程中，刘邦也经历过惨痛的失败，但萧何始终都是他最坚强的后盾。公元前205年四月，两军交战于彭城。项羽的3万精兵打败号称50万精兵的刘邦。汉军逃到谷、泗两河之中，被杀和淹死的多达10万余人。楚军乘胜追击，刘邦仅带了十几个人逃走。这一仗刘邦几乎全军覆没。这次惨败，按常理来说刘邦再也无力与项羽争夺天下。但丞相萧何调集了后方所有军饷送到前方来，并将关中所有的军士都征集起来，供刘邦指挥。这样汉军又重新振作起精神来。最终，相持4年的楚汉战争以项羽自刎乌江、刘邦君临天下而告终。

论功第一　制定律令

刘邦称帝后，在宫殿上论功行赏。刘邦认为萧何的功劳最大，其他功臣却说："我们这些人披甲上阵，打了几十次甚至上百次战役，如今萧何未曾有汗马功劳，只知舞文弄墨地发议论，反而位居我们之上，这又是为何呢？"高祖说："知道狩猎吗？在狩猎时，追杀野兽兔子的是狗，而发现踪迹指示野兽兔子所在的是人。现在诸位是有功之狗，萧何则是那发现踪迹的猎人。况且诸位只是孤身跟随我南征北战，多的也只是两三人，而萧何是发动全族数十人都跟随我，功劳不可忘啊！"群臣这才心服口服。但轮到评位次时，众功臣都说："平阳侯曹参身负多处重伤，攻城略地功劳多，应该排第一。"但关内侯却进言说："曹参虽然有攻城略地之功，但这只是一时之事，皇上先前与楚军对峙多年，军队常常失败，而萧何总是从关中派遣军队来补充军需，这种情况多次发生。陛下丢失山东地盘，萧何总是保全土地以待陛下，这是万世之功，没有曹参等数百人，对汉室没有什么损失。若没有萧何，则汉室难以保全，所以应当萧何第一位，曹参第二位。"皇上点头称赞，封了萧何第一，赐带剑穿鞋上殿，入朝可以不小步快走。

楚汉之争结束后，社会经济破败，民生凋弊，人们盼望有清明廉洁的政治与宽仁有序的律令。基于此，从刘邦称帝咸阳开始，萧何制定了一系列措施，请皇帝治令发布。主要有以下几种措施：其一，组织军队复员。萧何提议，组织军队官兵复员为民，根据他们的功绩大小，按照军功爵位的高低，赐给数量不等的土地；同时还规定，这些复员的官兵愿留在关中者，免除12年的徭役，回归原籍的，免除6年徭役。这就使不少人热心从事农业生产，对汉代经济的复苏与发展大有助益。其二，赐军吏卒以爵位。萧何所制定的法律规定，凡军吏卒爵在大夫以下或无爵者，皆赐爵为大夫；位在大夫以上者，晋爵一级；爵在七大夫以下者，免除全家赋役；七大夫以上者，分给食邑，是为高爵，其地位等同于县公、丞相，应先给予田宅。这就提高了政权的凝聚力，稳定了政权的阶级基础。其三，招抚流亡。令战争期间流亡山泽、不著户籍的人口，各归原籍，"复故爵田宅"。这在某种程度上，安定了人民生活，恢复、发展了农业生产。其四，释放奴婢。诏令规定，因饥饿而自卖为人奴婢者，皆免为平民。

这些措施是萧何根据当时的特殊情况而采取的。这些措施的实施，客观上缓和了阶级矛盾，安定了当时的社会秩序，对生产的恢复也有较大作用。

计除韩信　遭受猜疑

公元前201年，有人说韩信谋反，刘邦采用陈平之计，假意到南方游猎而诱捕了韩信，并将韩信押赴洛阳。韩信被捕之时，仰天长叹道："果然如人所言：狡兔死，走狗烹；高鸟尽，良弓藏；敌国破，谋臣亡。"回到洛阳之后，刘邦因为没有充分的理由杀掉韩信，就改封他为淮阴侯，实际上却是剥夺了楚王韩信的兵权。公元前196年，巨鹿郡守陈豨公开叛变朝廷，自立为代王，刘邦亲率军队前去镇压。这时，留守在朝廷的吕后闻知韩信暗通陈豨，便与萧何密谋，派一人假装从前线汉王那里回来，报告说陈豨已经被活捉处死，然后又通知朝中文武百官进宫庆贺。萧何为防止韩信托故不到，还亲自登门欺骗韩信说："你虽然有病，还是勉强去祝贺一下为好。"韩信无奈，只得进宫。当韩信一跨进宫门，即刻就被吕后

韩信

预先埋伏的武士捕获，紧接便被带至长乐宫的钟室斩首，且三族被诛。

韩信被杀，汉高祖封丞相萧何为相国，加封地5000户，使役士兵500人，并且专派一名都尉负责保护相国之安全。大家都向萧何道贺，唯独召平却来致吊。召平对萧何说："您将从此遭祸了。陛下连年征战，餐风宿露，您却安居都中，不被兵革。如今又被加封食邑，又被人服侍保护，表面上是尊您崇您，实际上是猜疑您呢！"萧何原不曾想到这一层，经召平这一提醒，他马上意识到韩信被诛之后，自己功高压主，已成了皇帝疑忌的首要对象了，非常惶恐，不能自解。召平建议，不要接受封地，倾家中之财移作军需，自可免祸。萧何依言而行，高祖甚为欢喜，暂时消除了对萧何的疑忌。

汉高祖十二年(前195)秋，黥布谋反，刘邦亲自率兵攻打，虽然远离都城，但刘邦总在惦念着萧何，屡屡问使者萧何在做些什么。使者如实告诉刘邦，说他在安抚百姓，把家财全部给了军队。刘邦听了不说什么。有人劝萧何说："您在关中呆了10多年了，深入民心，百姓都亲近您，由于勤恳为民，得到了百姓的由衷敬爱。皇上是怕您撼动关中。现在您何不多买田地，放高利贷来败毁名誉，以让皇上心安呢？"于是萧何听从了他的意见，进行自我贬损。

刘邦打败了黥布的军队，在返回途中听说萧何在家强取豪夺百姓的土地房屋后特别恼怒，并派人将萧何拘禁起来，打算治他的罪。后来通过别人的求情，才将年事已高的萧何从监狱中放出来。

公元前195年，汉高祖刘邦驾崩。年老体弱的萧何毅然辅佐太子刘盈登上了帝位，是为汉惠帝。惠帝二年(前193)，萧何病重不起。萧何病危之际，汉惠帝亲自来探视他，趁机询问萧何道："您百年之后，有谁可以代您为相？"

萧何回答说："知臣莫若君。"

惠帝猛想起高祖遗嘱，便接口道："曹参可好吗？"

萧何在病床上，声嘶力竭地说道："陛下所见甚是，陛下任曹参为相，我萧何虽死，也可以瞑目了。"这番话充分表明萧何对曹参寄予的诚挚厚望。

汉惠帝二年，一代名相萧何溘然长逝。

曹　参

曹参(？—前190)，汉初丞相。秦末泗水沛(今属江苏)人。封平阳侯。谥号"懿侯"。他早年与萧何一起追随刘邦。继萧何为相后，他遵循萧何之法度的原则，维护了国家政策的连续性，从而维持了汉初的繁荣稳定。

攻城野战　期功甚巨

曹参在秦朝时，任沛县的狱椽，执掌刑狱之事；而当时，萧何任沛县主吏。两人都是沛县吏员中颇有影响的人物。

秦二世元年(前209)，曹参与萧何一起帮助刘邦起兵反秦。等到刘邦为沛公时，曹参以中涓的身份跟随。此后，曹参转战于今天的山东滕县、泗水、东河、定陶及江苏丰县、沛县、安徽砀山、河南濮阳一带。

第二年闰九月，曹参跟随刘邦西进伐秦，历时14个月，攻入咸阳，破秦兵，灭秦朝。刘邦被封汉王后，论功行赏，封曹参为建成侯。

曹　参

曹参随汉王入汉中后，升任将军。接着，他追随汉王，平定三秦。他先在壤乡东和高栎一带大败敌军，又围困章平部队。章平从好畤城逃走。紧接着，曹参击溃了赵贲和内史保，并占领了咸阳，将咸阳更名为新城。

曹参率军守护景陵，前后20天。三秦使章平等率部攻打曹参，曹参迎击，大获全胜。汉王即将宁秦赐给曹参为封地。

此后，曹参随汉王出临晋关，转战河内，攻修武，渡围津，又挥师东向，在定陶打败龙且、项他，接着攻占砀、萧、彭城。后来直接与项羽部队对阵，项羽部兵强，汉军大败逃窜。但曹参攻占了雍丘，独尝胜果。

在楚、汉争雄的三年中，一直是楚强汉弱，许多人都背汉投楚了。曹参与萧何一样，都是刘邦坚定的追随者，不仅忠心不二，而且为平叛做了不少工作。当时，王武在外黄反叛，程处在燕地反叛，曹参率部讨伐，尽破王、程叛军。柱天侯在衍氏地造反，也被曹参平息。曹参还从昆阳攻击羽婴，一直追赶到叶地。随即挥师攻武强，趁势进驻荥阳。

高祖二年(前205)，曹参被任命为假左丞相，驻守关中。过了一个月，魏王豹造反，曹参又与韩信一起平定齐地，攻占52城，汉王赐平阳为曹参的食邑。

此后，曹参又跟随韩信在邬县之东攻击赵相国夏说的部队，斩夏说大获全胜。韩信和张耳领兵到井陉，攻成安君陈余。曹参回军将赵国别将戚将军围在邬城。戚将军在突围之中被曹参杀死。

韩信任齐王后，与刘邦会兵垓下，一举消灭了楚王项羽，而此时的曹参则留在齐地，继续收服那些没有归顺的人。汉王刘邦登上皇帝宝座后，韩信转封楚王，曹参也归还了丞相的印绶。高祖任命长子刘肥为齐王，任命曹参为齐相国。后改称齐丞相。

高帝六年（前201），高祖与诸侯剖符，赐曹参为列侯，食邑平阳10630户。从此，曹参进入了列侯的行列。

此后，曹参又以齐相的身份攻打陈豨的将领张春，大破其军。黥布造反，曹参跟着悼惠王率领车骑12万，与高祖会击黥布军，往南一直到蕲，回师平定了竹邑、相、萧、留等地。在作战中，曹参总是身先士卒，亲冒矢石，果敢威猛，因而屡建大功。

汉高祖刘邦排定功臣位次时，大家都说曹参屡经战阵，身受七十余创，攻城略地，所向披靡，立功最多，应该排在第一位。但是刘邦认为萧何功在万世，而曹参"虽有野战略地之功，此特一时之事耳"。因此，萧何被排在第一位，而曹参则排在第二位，曹参对此颇有不满。

清静无为　萧规曹随

曹参任齐相前后共达九年。在此期间，曹参请来了精通黄老之术的盖公。盖公给他讲了好多道理，诸如治道清静而民自定之类，因此，清静无为的治国之道，对曹参影响很大。曹参为了表示对盖公的尊敬，自己便搬出正堂，让盖公住在正堂之内。总的说来，曹参用于治齐者就是黄老的清静无为、与民休息的办法。由于这些办法符合当时社会实际和人民的心理愿望，所以齐地大治，社会安定，经济繁荣。大家都夸曹参是贤相。

惠帝二年（前193），萧何逝世。曹参闻知消息，吩咐家人赶快整治行装。他对家人说："我马上就该入朝为相国了！"过了不久，朝廷果然派使者来召曹参。曹参临别，嘱咐接任齐国丞相的人说："我走之后，请你留意狱市，慎勿轻扰为要。"接任者问道："一国政治，难道除此之外，再无重要之事了吗？"曹参说："这也并不如此。不过，狱市是善恶并容的。若定要一一查究，坏人将无所容身，定会滋生事端。这就是我谆谆告托的原因所在。"

曹参继萧何为相之后，为政全遵萧何旧制，凡事无所变更。他择选郡国官吏中年龄较大、不善言辞、谨厚老实的人，任命为丞相史，而斥去那些说话行文苛刻深求、一意追求虚名的官吏。然后曹参便整天饮酒，不理政务。卿大夫以下的官吏和一般宾客都想对他有所劝谏。但一有客来，曹参便请他同饮美酒。一杯未了，又复一杯，使来者根本没有机会说话。来时清清醒醒，去时昏昏沉沉。便有千句言辞，也无济于事了。后来渐渐成了习惯，大家都以为常事了。

上有行者，下必效尤。相国喜饮贪杯，属吏也乐得仿效。这些属吏们居住在相府后园附近的寓所中，常常聚坐快饮，谈天说地。饮到半酣，脱略形迹，鼓噪歌呼，声达户外，连相府中也能听得清清楚楚。曹参的从吏对此很不满，但也无可奈何。于是便请曹参到后园游览，希望他听到属吏的歌呼叫嚣后，能出面禁止。谁知曹参听了之后，不仅没有追究禁止，反倒唤人取来酒菜，在园中择地坐下，且饮且歌，与属吏之声迭相应和。

曹参为人宽缓能容，见人有小过失，便替他掩饰遮盖。相府中，上下相亲，安然无事。惠帝见曹参如此情形，疑心他是看自己年轻，才如此疏放，便对曹参的儿子中大夫曹窋说："你回去，悄悄问问你父亲，就说：'高皇帝刚刚去世，皇上继位不久，全仗您维持，现在您却只知饮酒，无所事事，怎能挂虑天下安危呢？'不过，你要记住，千万不要说是我让你问的！"曹窋趁洗沐休假之日回家，找了个闲空，如惠帝所教，进问曹参。曹参闻言大怒，打了曹窋二百板子，说："赶快回宫去尽你的职分吧！天下大事，也是你可以乱说的吗？"

后来上朝时，惠帝责备曹参："曹窋为什么挨打？他说的话，都是我的意思，是我让他去劝谏你的！"曹参谢罪之后问："陛下自思，您的才德能不能比得上高皇帝？"惠帝回答："我怎敢与高皇帝相比！"曹参又问："您看我的才能能比得上萧相国吗？"惠帝摇头："我看你比不上。"曹参揭出主题："陛下所见甚明。从前高皇帝与萧何平定天下，明订法律，备具规模。如今只要您垂拱在朝，臣等守职奉法，遵循勿失，便算是能继先人了。难道还想胜过一筹吗？"惠帝听后，对这看法颇为赞同。

曹参为相三年，谨守萧何之法度，推动了社会生产的进一步发展，也使汉政权得到了进一步巩固。后人把曹参的这一做法称为"萧规曹随"。

惠帝五年（前190），曹参病死。

匡　衡

匡衡（生卒不详），字稚圭。汉元帝朝丞相。西汉东海承（今山东枣庄南）人。建昭三年七月代韦玄成为相，建始三年因罪免为庶人。早年的匡衡以勤奋好学著称，后以经学入仕，敢于直言上谏，为相期间政绩平平。

家贫苦读　终有所成

匡衡出身于贫民家庭，因此幼年的匡衡生活比较贫苦。然而，这并没有丧失他立志求学的信心。

贫困的家庭不能为匡衡提供大量的书籍供他阅读钻研，恰巧，家乡有一大户，藏书较多。匡衡便寻找机会去给这家大户做佣工。他勤苦劳作，任劳任怨，但等到发工钱时却一再推辞不要。主人非常奇怪，反复问他缘故，匡衡于是提出了不要工钱但可以通读他家藏书的要求。主人被他守志力学的精神所感动，借书给他。

由于家中清贫点不起油灯，匡衡就将自己家的墙壁凿了一个小洞，每天天黑之后，匡衡凭借从小洞中折射进来的邻居家的灯光刻苦攻读。久而久之，学问终有所成，凿壁借光的故事一直被后人称颂流传。

由于聪明伶俐，又加上孜孜不倦地学习，匡衡终于学有所成，不仅对《诗经》耳熟能详，并且还有自己独到的见解，已经明显超过了他的同龄人。儒生们曾经对他做出过这样的评价："不要谈论《诗经》了，匡衡就要来了；匡衡解释《诗经》，比你们强百倍。"

学有所成的匡衡后来经过考试，被任命为太常掌故，调补平原文学。当时学者们都纷纷上书推荐匡衡，称赞他对经学的精通世上无人能与他相比。因为当时好多儒学后进都想追随他，所以不宜让他到远方供职，鉴于此种情况，朝廷便令太子太傅萧望之、少府梁丘贺面试匡衡，奏报朝廷。面试时，匡衡阐述《诗经》大义，内容深邃、文采华美。萧望之、梁丘贺乃回奏朝廷，说众人对匡衡的称赞绝非夸张之辞，并说匡衡学术有渊源，可资观览借鉴。然而，皇帝当时不太任用儒生，所以没有接纳二人意见，仍令匡衡赴平原文学任。但是，匡衡对策的从容渊雅却在皇太子脑海里留下了深刻的印象，而且深深喜欢上了他。

屡有建言　元帝器重

不久，宣帝驾崩，元帝继位。当时，乐陵侯史高因外戚为大司马车骑将军领尚书事，前将军萧望之为副。一代名儒萧望之因做过皇帝的老师，元帝念其旧恩，对他特别信任倚重。相比之下，史高反倒显得有点像是充员备位的。因而萧望之深受史高所忌。长史令杨兴劝史高搜罗贤者，荐之于朝，以提高自己的声望。

史高依从长史令杨兴之议，四处搜罗贤者以荐之于朝。于是，史高提匡衡为议曹史，并且将他荐举到朝廷。朝廷任命匡衡为郎中，后升任博士、给事中。从此，匡衡开始了他的官宦生涯。

不久，日食现象发生，接着，有的地区发生了地震。元帝召来匡衡，问他政治上的得失。匡衡指出，保发者，应该陈之以德义，示之以好恶，观其时而制其宜。故动之而和，绥之而安。今天下俗，贪财贱义，好声色，上侈靡，廉耻之节薄，淫辟之意纵，纲纪失序，疏者逾风。亲戚之恩薄，婚姻之党隆。苟合徼幸，以身设利。并且指出，倘若我们不攻其厚，虽岁赦之，弄犹难使错而不用也。于是，他提议应该旷然大变其俗。他认为，世事纯属天人相感，上作下应。只要皇帝能祗畏天戒，哀悯元元，省靡丽，考制度，近中正，远奸佞，崇至仁，匡失俗，自然人化可以，休征自至。闻听此言的汉元帝十分高兴，立即任匡衡为光禄大夫，太子少傅。

善于听取别人的意见是汉元帝最大的优点，只要有人上奏，他就亲自去召见。由于傅昭仪及其儿子定陶王受到皇上的异常宠爱，渐渐超过了皇后、太子。匡衡于是上书，一方面劝皇帝"详览统业之事，留神于遵制扬功，以定群下之心，使巧伪之徒不敢比周而望进"，一方面劝皇帝"克定厥家"，慎防其端，禁于未然，不应得新忘故、移卑逾尊，应该不以私恩害公义，从而达到正家而天下定的结果。

匡衡的上书传到皇上那里，他的意见也得了元帝的赞同。于是太子又获得了新宠。

引经据典，言辞符合法度义理，是匡衡进谏的特点，而这些全都让皇上钦佩万分。元帝自始至终地认为匡衡是完全可以进入公卿之位的贤臣，因此便将他任命为光禄勋、御史大夫。建昭三年，匡衡代替韦玄成坐了宰相之位，被封为乐安侯，封食邑600户。元帝驾崩，成帝即位。匡衡曾经上疏奏请成帝谨慎地处理婚配，广读经书，潜心研究礼仪细节。成帝对他的意见均细细采纳。没过多久，匡衡为培养成帝爱护人民、力图兴国的思想，于是又上书奏请成帝在京城的南北郊举行隆重的祭天仪式。

附和循默　无所作为

中书令石显早在元帝时期就开始把持朝政，专横跋扈，致使朝中大臣人人自危。匡衡循默苟安，甚至曲意阿附，不敢稍违其意。后来，成帝即位，居丧期间，政事全由王凤掌握。王凤素知石显顽恶，意奏请主上夺去其权，调任长信太仆。匡衡见石显失势，就和御史大夫甄谭一起上奏，弹劾石显的种种罪恶。于是，石显被免官，勒令回籍，后又死于途中。

弹劾石显及党徒之后，应该可以盖其前愆，从此无忧了。不料，朝中直臣王尊，不满于匡衡、甄谭的上下反复，上章劾奏二人，词语严正锐利。

刚刚登上皇位的汉成帝为了褒奖优礼大臣，不便立即斥逐三公，对此不予深究。但匡衡却十分恐惧羞惭，只好上书请罪，并借称自己有病交还丞相与乐安侯的印绶，请求免职。皇帝温语抚慰，说他此时告归是显示皇帝不明察，劝他专精神、近医药，强食自爱。同时皇帝还对王尊进行了贬斥，将印依旧赐还给匡衡。

匡衡每一想到在群臣中享有很高威望的王尊，内心就十分惶恐不安。每当遇到洪涝灾害，他便上书坦言自己治理不善，请求告老还乡，但成帝每次都是苦苦相留。无奈之余，匡衡只得继续辅佐成帝。

尤其令匡衡不安的是当时偏偏异事接连发生，这种情形颇令人尴尬。

几年后，匡衡的儿子越骑校尉匡昌因酒醉杀人被关入狱中。越骑官属与匡昌的弟弟密谋，想劫匡昌出狱。谁料想事情败露，匡衡主动摘掉乌纱、赤着脚向成帝请罪，成帝派谒者命匡衡戴冠穿鞋。

这时，匡衡又被司隶校尉王骏等人弹劾非法侵占国家土地。原来，匡衡因郡图有误，多占封地400顷，收取租谷千余石。于是，朝廷便将匡衡免为庶人。这一系列打击使匡衡忧郁不已，以致最后成疾病死。

邓　禹

邓禹(2－58)，字仲华，东汉初年南阳新野(今河南新野南)人。东汉光武帝朝大司徒。封赞侯、高密侯。谥号"元侯"。云台二十八将之首，在建立和巩固东汉政权上他功不可没，不愧为东汉名相。

慧眼识才　投靠刘秀

邓禹出生于一个富商家庭。他自幼喜好读书，且智识过人，13岁即能背诵诗经，加上性格稳健宽厚，家人都对他寄予了重望。父亲见他沉于书本，恢然大度，志趣高远，为了他在今后能有更多进入仕途的机会，便让他去都城长安求学。

当时有一批南阳籍的上层官吏居住在长安的尚冠里。邓禹正是在这里与长安太学生刘秀相识的。刘秀是南阳郡蔡阳(今湖北枣阳)人，乃汉景帝的支裔，高才好学、豪爽义气，他深受邓禹等同乡的尊敬和拥戴。

当时邓禹虽年仅16岁，却是非常善于识人。他见刘秀气宇轩昂、器识深沉，知他非凡人，因而对刘秀很是亲近。刘秀虽长邓禹6岁，但两人都有才学识见，脾胃相投，于是关系非常密切。

王莽篡汉建立新朝以后，社会经济变得十分混乱，加上连年灾荒，百姓纷纷揭竿而起。首先爆发了王匡、王凤号称的"绿林军"起义。次年，又爆发了樊崇等领导的"赤眉军"起义。由于天下大乱，刘秀、邓禹等人皆感到仕途无望便自长安返归故里——南阳郡。

邓 禹

回到家乡的刘秀听到有刘氏当复得天下的传言后便有所心动，不久又投身到刘秀之兄刘縯的举事准备之中，为他出谋划策。地皇三年(22)，南阳郡发生了大饥荒，人心动荡，刘氏兄弟感到时机已经成熟，立即拉起了一支数千人的队伍，加入绿林兵阵营。地皇四年(23)初，绿林兵在南阳淯水之滨的沙滩上筑坛，拥立刘玄称帝，恢复汉朝，改年号更始。

闻报大惊的王莽立即派人调动43万大军，猛攻绿林军，并围困了昆阳。由于刘秀出色的计谋和作战的勇敢，昆阳之战中，绿林军战斗力旺盛，一举消灭了王莽军队的主力，局势为之一转。但刘氏兄弟不仅未因此受到刘玄的信任，反而遭到其疑惧。不久，刘玄以企图谋反罪将刘縯杀害。刘秀在更始政权中处境十分艰难。

同年秋，长安被绿林军攻下，王莽被杀，绿林军的势力达到鼎盛时期。经人说合，刘玄认为刘秀较老实，便命刘秀为破虏将军，令他持节北渡黄河，安抚河北。此时的刘秀既为逃离牢笼而高兴，又为未知的前途而担忧。

起义已经进入到如火如荼的时候，邓禹依然选择蛰伏而没有贸然行动。许多了解邓禹的人都劝他加入绿林军，一展宏图。但邓禹见刘玄乃平庸之辈，绿林军诸将胸无大志，散漫放纵如一群乌合之众，邓禹自然不肯追随。当他听说刘秀屯兵河北即将携杖北渡黄河，于是在邯郸城追上了刘秀。刘秀见到他十分高兴，便开门见山地问他是否愿出仕。邓禹说："我不愿意。"刘秀又问他为何而来。邓禹说："只希望您的威望仁德普盖天下，我能够尽尺寸之力，留功名于史册罢了。"刘秀笑，便留邓禹同住私语。邓禹对刘秀说："更始虽然建都在关西，但山东一带现在还未安定，赤眉军、青犊军的部属，常常可以万计，在三辅地区自立名号的势力，往往成群结聚。没有受到挫折的更始帝只知道贪图享受，不亲自掌握情况作出决断，他的各位将领也都是庸人崛起，他们只希望掠夺钱财、使用威力、日夜作乐而已，并没有忠良明智、深谋远虑、想尊崇君主安定百姓的人。全国分崩离析的形势已经可以见到。您虽然有辅佐的功绩，恐怕还是没有什么成就。"最后他建议刘秀招揽英雄，取悦民心，像高祖那样平定天下。

邓禹的一席话立即使刘秀明白过来，对邓禹的建议赞叹不已。刘秀感到有深谋远虑的邓禹辅助他，是天佑自己。随即，他命左右称邓禹为"将军"，把他当作军师看待，常留他同宿，商讨军情，制定谋略。从此，参与群雄逐鹿，争夺天下便成了刘秀的目标，延揽英雄，取悦民心也成了他夺取天下的根本策略。

平定河北　转战关中

　　笼络人心，是邓禹给刚到河北，想在河北立稳脚跟的刘秀提出的建议。刘秀欣然采纳，于是他开始黜陟官吏，遣散囚徒，废除王莽苛政，恢复西汉官制，所过之处，吏民欢悦，争持牛酒迎劳。紧接着，刘秀又广收人才，置于幕府。邓禹则时时注意帮助刘秀笼络这些文人猛士，使他们都愿意为刘秀效死力。

　　在邓禹的大力辅佐之下，刘秀连续攻下了中山国、涿郡、钜鹿、清河等郡，完成了对邯郸王郎的包围。刘秀进军邯郸，连战连捷，最终将王郎擒获并诛杀。这样，刘秀在河北完全站稳了脚跟。当然，刘秀在这一时期的胜利是与邓禹运筹帷幄、殚精竭虑分不开的。

　　更始二年(24)秋天，刘秀派邓禹率骑兵与将领盖延打败了铜马兵，招降了几十万军士。河北一带大致平定，刘秀也开始了与天下群雄争夺天下的征程。

　　更始三年(25)初，在山东一带活动的赤眉起义军30多万人转战河南，随即西攻长安更始政权巢穴。刘秀在鹬蚌相争中渔翁取利，吞并关中，便转兵于财物富实的河内郡(今河南武陟)，以此作为谋取天下的后方基地。

　　当时，刘秀正在经营中原，因而必须派一位有谋略、稳重可靠，能专任攻伐、独当一面的人去完成西攻关中的使命。邓禹欣然从命。

　　建武元年(25)正月，邓禹进入河东，仅用十天时间就攻下箕关，缴获装载军用物资的车千余辆。但后来围困安邑时，连攻数月依然无法攻克。这时，更始帝大将军樊参率领数万人，越过大阳县境进攻邓禹。邓禹派遣将领迎战，在解南大败樊军，斩了樊参。接着，王匡、成丹、刘均等人汇合10余万人，共同攻打邓禹。初战，邓禹失利，并损失了大将樊崇。次日，邓禹利用王匡未出兵的机会对军队做了重新部署。当王匡全军出动攻打邓禹时，邓禹指挥若定，大败其军，使得王匡等人弃军逃跑。邓禹率轻装骑兵加紧追击，生擒刘均及河东太守杨宝，杀死持节中郎将弭疆，缴获节杖6支、印绶500枚，兵器不可胜数。

　　这年六月，刘秀在鄗城(今河北柏乡)称帝，国号汉(史称东汉)，改年号为建武，颁诏大赦，建置百官。邓禹被拜为大司徒，封酂侯。那时，邓禹正在外作战，刘秀特派使者拿着符节和册封文书送至邓禹的大本营，这就意味着东汉开国宰相的位置已经被邓禹所占据。

　　同年秋天，邓禹又在衙县(今陕西白水)再一次以少胜多，大败刘玄的10余万大军。

　　邓禹西进关中的途中，得知刘玄内部因发生分裂，赤眉军乘势攻入长安，刘玄投降后被缢杀的消

汉光武帝刘秀

〇二六

息，他并未感到吃惊，因为这完全在意料之中。

紧接着赤眉军占据了长安周围的三辅（京兆尹、左冯翊、右扶风）地区。这时，关中因屡遭战乱，百姓惧怕战争，不知逃到何方去，听说邓禹的军队军纪严明，秋毫无犯，于是都扶老携幼以迎邓禹，每天都有几千名归降者。此时的邓禹军已号称百万，威震关中。许多将领和关中豪杰都劝邓禹直攻长安，邓禹经审慎考虑，没有采纳这种意见。

关中未定，邓禹又久不进兵，心中着急的刘秀立即促令他进攻长安。然而，邓禹仍然坚持原来的想法，他分派将军另攻上郡各县，同时征集兵员，储备粮食，充分做好进攻长安的准备工作。

攻占长安的赤眉军，只是一味地搜索珠宝、焚烧宫室，甚至杀掠百姓，毫无政治谋略。不久，长安粮尽，他们更挖掘西汉皇帝陵寝珠宝，然后撤出长安西走扶风。建武二年(26)正月，邓禹率军毫不费力地进入长安城，驻军昆明池。

在长安东南，有自称为武安王的割据势力延岑部；在云阳（今西安附近）有更始政权的汉中王刘嘉。不久，邓禹在蓝田被延岑打败，便转到云阳来调整军队，补充粮草。汉中王刘嘉来投降邓禹，刘嘉的助手李宝傲慢无礼，邓禹将他杀了。李宝的弟弟收编了李宝的军队来攻打邓禹，并杀掉了邓禹的将军耿䜣。此时赤眉军又返回长安，将邓禹打败，赶到高陵。邓禹军士饥饿，都吃枣子、野菜。光武帝于是召邓禹还军，并说赤眉军没有粮食必然会撤军，所以我们不要随便进军。邓禹惭愧于身受大任而功不成，多次用饥饿的士卒挑战，总是受到挫折。建武三年春，邓禹与车骑将军邓弘共同攻打赤眉军，再次被赤眉军打得惨败。最终，邓禹只与24骑还归宜阳。

光武帝并没有怪罪邓禹，还将梁侯印绶送还给他，并拜为右将军。数月后，邓禹率军再征延岑，大捷之后凯旋回京，邓禹终于以胜利者的姿态结束了他短暂的军事统帅生涯。

建武十三年(37)，天下已经太平，光武帝也扩大了功臣们的食邑，最后邓禹被封为高密侯，食邑包括高密、昌安、夷安、淳于四县。光武帝认为邓禹功高，还把他的弟弟邓宽封为明亲侯。

为了避免权臣把持朝政，重蹈前朝覆辙，光武帝决定加强自己的权力，对功臣实行以列侯奉朝请的政策，即让他们享受优厚的待遇，而不参予政治。当时功臣能够参议国家大事的仅邓禹等3人。但邓禹深知光武帝不愿让这些功臣拥众京师，对他的皇权构成威胁，于是便主动地辞去右将军之职。

邓禹生活俭朴，避奢华，从不仗势搜刮钱财。家中的一切用度都取之于封地，从不经营财利和田地以聚敛财富。邓禹不仅自己远避名位，深居简出，还悉心教养子孙，整饬家规，教导他们不应以功臣之后自居而不劳而获。邓禹有子女13人，他都让他们每人学一门安身立命的本领，并教育子孙后代，男儿必须读书，女子则操作家事。

中元二年(57)，刘秀死，其子刘庄继位。不久，刘庄加封邓禹为太傅，位居郡国上公，其他大臣都面北朝见天子，而刘庄对邓禹尊如宾客，让他面东站立，不需行君臣大礼。永平元年(58)五月，邓禹病逝，时年57岁，谥为"元侯"。

杨　震

杨震(？— 124)，和帝朝司徒，字伯起。弘农郡华阴县(今陕西华阴南)人。杨震历任荆州刺史、东莱太守、涿郡太守、太仆、太常、司徒、太尉等官职。杨震既是儒家大师，又是清廉名相，深受后人尊崇。

出身高贵　为官清廉

楚汉相争，5位汉将争抢项羽尸首，各得一体，之后5人被一起封侯，其中之一便为杨震八世祖杨喜，被封为赤泉侯。其高祖杨敞，西汉昭帝时为丞相，封安平侯。父亲杨宝折节好学，通晓欧阳《尚书》。

哀帝、平帝时期，汉朝政治处于一片黑暗之中，社会动荡不安。杨宝无意仕途，隐居乡间，教授学生。居摄二年(7)，王莽征召杨宝做官，杨宝则躲了起来。光武帝建立东汉政权后，认为杨宝气节高尚，再次召他做官，此时年事已高、体弱多病的杨宝未能应召，后来病死于家中。

杨氏钻研经学，崇尚气节，其门风的熏染对杨震的性格和命运起了很大的作用。杨震受父亲的影响，从小也喜爱研读。后来，他跟从太常桓郁研习欧阳生注释的《尚书》。杨震博览群书，对各种典籍进行深入研究，最终学有所成，被誉为"关西孔子"。

杨　震

杨震除了自己潜心钻研，还经常居于湖县，教授学生20余人。他的名声越来越大，州、郡长官多次备礼前来聘请，都被他以有病为由加以拒绝。

之后的20多年里，他除了钻研学术外，就是教授他的学生，过得悠然自得。直到有一天，杨震正在讲学时，突然有一只鹳雀衔着三条鳝鱼飞至讲堂前面。人们都认为这是三公之象，对杨震大加庆贺。这次神秘事件过后，年届半百的杨震果然开始出仕州郡。

后来，他的才德传到大将军邓骘耳中，于是聘他出仕，推荐为茂才，这时杨震已经50岁了。杨震经过四次调迁，任荆州刺史、东莱太守等官职。杨震虽然身为高官，不仅自身生活简朴，做官亦是廉洁奉公。他到东莱郡赴任的时候，路过昌邑县。经他举荐的荆州茂才王密，当时正任昌邑县令，于是王密便以10斤黄金趁着夜深无人之时送与杨震，以示谢意。杨震对他说："老朋友了解你，你却不了解老朋友。你为什么这样？"王密说："黑夜里没人知道。"杨震说："天知、神知、我知、你知，怎么能说没人知道呢？"王密惭愧地退了出去。

接着，杨震转任涿郡太守，元初四年(117)，杨震又被征召到朝廷担任太仆，后来又升迁为太常。永宁元年(120)，杨震接替了刘恺司徒的职务。无论是在地方任职还是在朝廷任职，依然是公正廉洁、不循私情。他和子孙经常是粗茶淡饭，不吃鱼肉，出门不骑马不坐车。他认为把清官这个美名留给子孙是最丰厚的产业。

一身正气　直谏为国

建光元年(121)，邓太后去世，皇帝开始宠爱阎皇后，她的兄弟都担任要职。皇帝的内宠开始掌权，就连汉安帝的奶妈王圣，也仗着抚养圣上之功而肆无忌惮、恣意妄为。王圣的女儿伯荣，出入宫廷进行内外的联络，从事淫秽、贿赂等奸邪勾当，一时之间，宫中被搞得乌烟瘴气。司徒杨震针对此事上疏进谏，力劝安帝驱逐王圣，重新任用贤良之人。

杨震拈出《尚书》《诗经》之中的诸多古训，对安帝以示告诫，并诚恳地希望安帝能够远女色与奸佞小人，多留意朝政。安帝接到上疏，出示于王圣等人，这伙近侍者看后皆愤愤不已。

因有皇帝的庇护，伯荣的骄奢程度更是日甚一日。她曾和已故的朝阳侯刘护的堂兄刘瓌通奸，刘瓌攀龙附凤娶她为妻，获得了继承刘护朝阳侯爵位的资格，官位升至侍中。杨震对此十分厌恶，再次上书指出，刘瓌无功无德，只是娶了皇帝奶妈的女儿，不能因此就继承爵位。谁知安帝竟对杨震的奏章不予理睬。

延光二年(123)，杨震又代刘恺为太尉，此时，年已古稀的杨震以巨大的勇气与高贵的品格与他们展开了激烈的斗争。

安帝舅父大鸿胪耿宝向杨震推荐宦官中常侍李闰的哥哥，并对他说自己只是传达皇上的意思。杨震回答说："如果皇上有意让太尉、司徒、司空等三府征召官员，应该由宫廷秘书、尚书直接通知。"恼羞成怒的耿宝只得气愤地走了。阎皇后的哥哥金吾阎显也向杨震推荐亲友做官，同样被杨震回绝了。可是，令人遗憾的是司空刘授秀提拔了李闰的哥哥和阎显的亲友，因此，杨震遭到这些人的忌恨就更深了。

汉安帝昏庸懦弱，竟然为奶娘王圣大肆兴修府第。宦官中常侍樊丰又和侍中周广、谢恽结党营私，动摇国政。面对大汉江山，心急如焚的杨震不顾一切再次上书，诚恳请求皇帝深思远虑，以国家利益为重。杨震多次上书，安帝仍然置之不理。樊丰、谢恽从此更加肆无忌惮。

这些人的大兴土木，挥金如土，最终导致了政府直接控制的自耕农数量急骤减少，加上官吏的盘剥、灾害的侵袭、赋税的沉重，农民纷纷破产流亡，不堪重负的一些少数民族也起兵反抗，一时间战争连绵，国家更加衰落。

延光二年(123)，地震再次发生，杨震又以天象示警来劝诫皇上现在中官权盛，应加以裁抑。和历次上书一样，他言辞激烈，直陈时弊，安帝实在无法喜欢，樊丰等人也对杨震侧目而视，只因他是四海仰慕的当代名儒，不敢轻易加害。但是，河间男子赵腾却预先上演了杨震即将遭遇的悲剧。身居民间的赵腾激于忠义，诣阙上书，指陈时政，安帝大怒，以欺君罔上的罪名将其投入大狱。杨震自然不能见死不救，于是上疏求情，安帝连他的表章看也没看，几日后就将赵腾诛杀。

权奸当道　自杀殉国

杨震直言纳谏，抨击时弊，切中要害，忧国忧民，可最高统治者汉安帝却很不高兴，樊丰等奸臣对杨震更是恨之入骨。起初，奸臣因为杨震的名气而不敢轻举妄动，但他们一直都在等待报复的时机。

延光三年(124)，安帝东巡泰山，樊丰等人趁机在京城洛阳放开手脚，竞修宅第。杨震的属官高舒召来有关官员查核此事，发现了樊丰诸人伪造的经书，准备等待圣驾还朝以作定夺。伪造圣旨等于犯下滔天大罪，不仅自己要被处死，九族都要受到牵连，这令樊丰等人十分惊恐。双方矛盾已经无法遏止，樊丰诸人于是决定除掉杨震。恰好，当时太史上奏星象有异，于是他们便来了个恶人先告状，诽谤杨震说他自从赵腾死后，既怨且怒，说他是邓氏提拔上来的，对邓氏之死常常心怀怨恨。

从泰山返回京师的安帝先来到太学，等待吉利时辰再进皇宫。当晚，安帝便派使节收缴了杨震的太尉官印。于是，杨震紧闭门户，谢绝所有来访的宾客。即便这样，樊丰等人还不罢休，又让安帝的舅父大将军耿宝以杨震身为朝臣既不服罪又心怀怨恨的理由来弹劾他。安帝下诏，将杨震遣回家乡。杨震举家离开京城洛阳。他的门生故吏纷纷赶来为他送行。来到洛阳城西的夕阳亭，他无限感慨地对儿子和学生说："死是读书人正常的遭遇。我深受皇恩，身居显位，却不能为国铲除奸臣；痛恨近幸淫妇邪恶，却不能禁止。我有什么面目再立身于世！我死之后，用下等杂木做棺材，被单只要能够盖住尸体就够了，不要运回祖宗坟墓，不要祭祀。"说完之后，年过70的杨震饮下毒酒而亡。

一年以后，安帝去世，顺帝继位。不久，汉顺帝处死了樊丰等人。顺帝感念杨震对国家忠心，下诏任命杨震的两个儿子为郎官，赠钱百万，并以三公的礼仪把杨震葬在华阴潼亭。

王 允

王允(137－192)，献帝朝司徒。字子师，太原祁县(今属山西)人。历任郡吏、太仆、尚书令、司徒等职。曾镇压黄巾军起义，又设计诛杀董卓，最终死于董卓部下手中。

少年时代的王允便立志要做一番大事业，为此，他不仅学习经传典籍，早晚还练习骑射，在东汉末年的动荡年代里，王允能够坚持习文练武，足可见他的抱负之大。

19岁时，王允曾为郡吏。当地小黄门的赵津横行霸道，成为县中巨患。王允便追捕并处死了赵津。这使得赵津当宦官的兄弟怀恨在心，于是就在皇帝面前诬陷王允和太守刘质。汉桓帝大怒，把刘质逮捕处死。王允送丧到平原县，终毕三年，然后回家。

后来，太守王球辰想召年少无名的路佛为郡吏，王允犯颜反对。王球辰怒，逮捕了王允，想杀他，但被闻讯而来的刺史邓盛解救。从此，世人知道了王允的名字。

中平元年(184)，黄巾军起义爆发，并很快蔓延十多郡县，致使本来已经腐朽的东汉王朝遭到了沉重打击。王允被任命为豫州刺史，参与镇压黄巾军，收降几十万人。其间，王允发现宦官张让与黄巾军有书信联系，及时上告皇帝。汉灵帝很生气，责斥张让，张让叩头谢罪，心中怨恨王允。于是张让唆使他人中伤王允，以致王允被投狱中。

后来被赦免的王允官复原职，再次担任刺史。时隔不久，他又因其他罪名被捕。在狱中，王允得到司徒杨赐的关照，大将军何进、太尉袁隗也一再上书，请求皇帝给予赦免，最终王允免去死罪。结果当年冬的大赦，只有王允不在其中。三公于是再次为王允说情。直到第二年，王允才被释放。在宦官的横行之下，万般无奈的王允只能改名换姓隐匿起来。

后来，王允在灵帝死时到京城去赴丧。当时大将军何进谋划诛杀宦官，请王允参与谋划此事，命他担任从事中郎，接着又任河南尹。

王允被刚刚登基的汉献帝所重视。他先任太仆，再迁尚书令。初平元年(190

年)，王允代替杨彪担任司徒，兼任尚书令。权臣董卓专权后，王允矫情屈意，每件事情都依附董卓。因此，得到董卓的信任，同时也得以辅政王室于危乱之中。

而事实上，表面依附于董卓的王允一直在寻找除去董卓的机会，以恢复汉室。于是，他秘密地与司隶校尉黄琬、尚书郑公业等谋划诛杀董卓。这时，以袁绍为首，包括袁术、曹操在内的各路军阀也曾联合起来征讨董卓，但均以失败告终。

初平二年(191)，董卓火烧洛阳，胁迫献帝及朝中大臣迁都长安。因入关之功，王允被封为温侯，食邑5000户，王允开始坚持不接受，后在士孙瑞的劝说下，王允接受2000户。

铜持戟骑士俑·东汉

初平三年(192)，阴雨连绵60多天。王允与士孙瑞、杨瓒再次谋划诛杀董卓并最终商定由董卓部将吕布作为内应。

初平三年四月，皇帝患病初愈，在未央殿大会群臣。董卓身穿朝服登车。不一会儿，马突然受惊，董卓掉入泥中。随后他入室更衣，他的少妻劝他不要去了。但董卓还是依然坚持进宫。

董卓从他居住的地方直至未央宫门的两侧都安排了将士防守。左边步兵、右边骑兵，环绕防卫，同时，吕布等人又护卫前后。王允与士孙瑞向皇帝密奏诛杀董卓的计划，让士孙瑞亲自书写诏书交与吕布，命令骑都尉李肃和十多个与吕布同心的勇士，穿着卫士的服装冒充卫士在北掖门内等待董卓。董卓快要到达宫门时，马惊恐万状。既奇怪又害怕的董卓准备回马，吕布劝董卓还是进宫为好，董卓听从了劝告。一进入宫门。李肃便用戟刺向董卓，董卓内穿铠甲未能刺入，但因手臂受伤掉下马车，吕布举矛刺死了董卓。

董卓被杀以后，王允想解散董卓的凉州兵旧部，结果致使凉州旧部惶恐不安。于是，董卓的部将李傕、郭汜合谋策乱，攻入长安，把当时56岁的王允杀死。

董　卓

董卓(？—192)，字仲颖，东汉陇西临洮人。汉献帝时自立为太师。他性情刚猛，善结交，少为豪侠，后拥兵自重，废少帝，立献帝，把持朝政，火焚洛阳，迁都长安，最终被部将杀死。

乱中得势　拥兵河东

董卓生长在东汉王朝与羌人毗邻的一个边陲重镇上，因此当地的民风与羌人的习俗类似，人人习惯于骑马射箭，剽悍勇武。董卓年轻时更是生得虎背熊腰，膂力过人，可以左右驰射，加上其性格刚猛粗野，喜欢行侠仗义，被当地人及羌胡视为英雄好汉，非常受拥护和爱戴。董卓很高的声望使汉朝的地方官员注意到了他。凉州刺史将董卓请去，授以兵马掾之职，让他负责边塞地区的巡守。

董卓武艺高强且有谋略，加之熟悉羌胡情况，所以在与羌胡的战斗中屡立战功，官职也步步高升，历任郎中、广武令、蜀郡北部都尉，最后升任西域戊己校尉。

中平元年(184)二月，黄巾起义爆发，其规模之大直接威胁着汉朝的统治。汉灵帝先令卢植征讨，打了败仗。又任命董卓为东中郎将，持节前往曲阳镇压。结果被张角打败，免去官职。次年，凉州边章、韩遂乘黄巾起义之际，以诛杀宦官为名，率兵数万向三辅进攻，董卓的命运又有了转折。

汉灵帝派六支军队攻打边章、韩遂，其中五支都失败了，董卓所率军队也被羌人、胡人包围。粮食吃光了，董卓假装要捕鱼为食，便在退兵必经的河上筑起堤坝，拦截住河水形成水池，使数十里范围内蓄满了水，然后悄悄从堤坝下撤走了军队，决开堤坝，等到羌、胡军听说后前来追赶，水已经深得无法通过了。因此，董卓被提拔为前将军。

十一月一天晚上，有颗如火光长十多丈的流星照在边章、韩遂兵营中，致使驴马全部惊恐鸣叫。边章、韩遂认为不吉利，准备返回金城。董卓得知此消息后，立即约好鲍鸿合兵进攻边、韩军队，结果大获全胜。

中平四年(187)，韩遂杀边章、北宫玉、李文侯，又与扶风司马马腾联合再次进攻三辅，董卓联合皇甫嵩共同对敌，击退韩、马。从此，董卓在关西的名声大振，势力倍增。为了阻止董卓个人势力的发展，汉灵帝屡次征召董卓入朝，意欲夺其兵权。董卓当然不愿意轻易交出手中的凉州兵，每次下诏时总找各种理由推托。无奈之下，朝廷只好委任其为河东太守，董卓从此开始割据一方。

执政朝纲　祸国殃民

董卓屯兵河东之后，就将整个陇西划入自己的势力范围之内。他不仅拥有强大的武装，而且还是朝廷的边陲重臣。强大的后盾使董卓的野心在不断膨胀，一心谋划着获取更大的权力。

中平六年(189)，汉灵帝刘宏驾崩，17岁的刘辩即位，即少帝。何太后称制，何进以外戚身份辅政。当时，外戚和宦官是两个对立的集团。何进辅政后，对宦官更是深恶痛绝，建议太后将宦官全部罢免，但太后不允。何进便传诏前将军董卓、东郡太守乔瑁、武猛都尉丁原进京辅政并胁迫太后罢免宦官。早有异志且认为时机已经成熟的董卓立即率兵3000，马不停蹄地赶赴京城。

董卓军队还未到京城，城内就发生了事变。何进在进宫见太后之时，被宦官张让杀死，何进的部将和袁术攻打宫门，张让、段圭劫持少帝而逃。途中张让、段圭被逼投河自尽。董卓得知少帝在北芒山，忙率兵急进，迎少帝回宫。少帝见董卓突至，害怕得哭泣落泪，而与少帝一起出逃的陈留王刘协则与董卓谈话时对答如流。废少帝、立陈留王的心思开始在董卓心中萌发。

按理说，董卓在此时就不应再进洛阳了，少帝也派人阻止他入城。但野心勃勃地董卓怎能轻易放弃眼前的机会，因此，他施加兵威，强行入城。当时，袁绍控制着八校尉禁军指挥权，袁术控制着原来何进所部，丁原也有骁将吕布，官兵总数为3万，是董卓兵力的10倍。董卓为了迷惑对方，每隔四五天就将军队悄悄拉出军营，待天明后再大张旗鼓地回来，造成援军不断进驻洛阳的假象。这一招果然迷惑和镇住了袁绍、曹操等人。不久，董卓又得到何进的弟弟何苗所率的将士，同时又离间丁原部下，收买吕布为义子，令其杀死丁原。收编了丁原的人马后，董卓的实力大大增强。

随后，董卓开始策划废立之事。当董卓与大臣们商议此事的时候，遭到大臣们的强烈反对，但他废立之心已定，于是便在崇德殿召集百官，以皇帝居丧期间不守礼法为由，胁迫太后下诏废少帝为弘农王，立年仅9岁的陈留王刘协为帝，这便是汉献帝。不久，董卓又将何太后杀害，自立为相，让献帝称自己为"尚父"，一人独揽大权。

专政之后的董卓开始了他暴权的实施。欺凌百姓、肆意屠杀、强取豪夺，致使全国哀声遍野、民不聊生。

董卓及部下经常进入贵戚的府第，大肆抢夺金帛财物，淫掠妇女。董卓曾筑坞于郿县，高七丈，与长安城等同，称为"万岁坞"。在郿坞里有可供吃30年的粮食、黄金二三万斤，白银八九万斤，还有堆积如山、不可胜数的珠玉锦绮、奇玩杂物。这些均为其搜刮来的民脂民膏。董卓自称："大事成功，可以据有天下；不成，守此坞也足以养老。"

董卓还自封为太师，位在诸侯王之上，并使用皇帝车服，乘坐金华青盖车，称"竿摩车"，意为其服饰和天子所用相近。除此之外，他还大封董氏宗族，不分老幼，一概加封，即使尚在童年，男的皆封为侯，女的封为邑君。

在朝廷，大臣们对董卓种种倒行逆施的行为极为不满。袁绍出走京师，号召关东州郡共同讨伐董卓。各地军阀、郡守纷纷响应，大家共推袁绍为盟主，在荥阳、河内附近对峙着。

董卓见关东军来势十分凶猛，内心也不禁害怕起来，于是便决定迁都长安，并驱逐洛阳数百万百姓同行。途中百姓遭军队抢掠践踏，加上饥饿劳累，死者不计其数。董卓又下令将洛阳付之一炬，结果是洛阳方圆200里化为一片灰烬。同时，讨伐董卓的联军都各怀私心，并不想真正与董卓交锋，都想保存自己的实力。后来又遇到粮草接济不上的困难，于是各路联军便相继撤退了。

龙虎铜镜·东汉

董卓的暴政使得人民怨声载道，皆对其恨之入骨，都想除之而后快。一次，越骑校尉伍孚在朝服中暗藏利刃，找个借口去见董卓。伍孚趁说完事情，董卓送其出门之时突然拔出利刃刺向董卓，却被董卓躲过。董卓忙招呼来卫兵，将伍孚砍死。

司徒王允也早有诛董卓之心，因感到没有机会而忧心忡忡。善于观察的王允发现吕布、董卓的关系并不融洽，且均为好色之徒，于是巧施连环计，先将手下一侍女貂蝉许配给吕布，继而又让董卓带回府去，让貂蝉挑拨董卓和吕布之间的"父子"关系。结果吕布果然中计，王允便和吕布共同密谋如何诛杀董卓。

192年四月，汉献帝大病初愈，准备在未央宫召见群臣，董卓也带着侍从由"万岁坞"去长安。当他所乘的车到皇宫北掖门时，马突然停步不前。董卓疑惑，正准备返回时，吕布称有自己保护不必害怕。于是吕布下马推着车子进了北宫门。李肃见董卓进了宫门，突然用戟刺向董卓，但因董卓内穿铠甲未能刺入。手臂受伤的董卓落下马，急忙呼叫吕布。吕布应声而出道："有诏书命令讨伐贼臣。"董卓大骂："庸狗敢这样做吗？"吕布一矛刺中董卓咽喉，接着割下他的首级，宣读诛杀董卓的诏书，朝野一片欢呼。

之后，王允又命令将董卓夷灭九族，并将董卓的尸体弃于街市之上。后来，有人将灯芯插于董卓肚脐上，用火烛点燃当作"天灯"。一代奸雄最终死于非命。

曹 操

曹操(155－220)，献帝朝丞相。字孟德，又名吉利，小名阿瞒。东汉末沛国谯(今安徽亳县)人。曹操文韬武略杰出，才干非凡，是当时著名的政治家、军事家和文学家，对东汉末期社会经济发展、政治变革和文化繁荣起到了积极的推动作用。

精通兵法　传檄讨贼

曹操之父曹嵩，本姓夏侯，因被宦官曹腾收为养子而改姓。曹嵩虽官至太尉，袭封侯爵，但因为是太监养子，在社会上仍属受人歧视的"寒族"。

曹操从小很机警，有谋略权术。他酷爱读书，对经史典籍无不涉猎，尤爱研究军事著作。早在出仕之前，就广泛收集并整理了东汉以前的各家兵书，把重要内容摘录下来编成一本《兵法摘要》，并著有《孙子略解》等军事著作。正是由于他从小博览群书、钻研兵法，这便为他后来叱咤风云、谋取天下创造了条件、奠定了基础。

曹操年少时放荡不羁，不修品行，所以社会上的人都不怎么重视他，只有梁国的桥玄和南阳郡的何颙对他另眼相看，认为他与众不同。桥玄对曹操说："天下将乱，不是著名于世的杰出人物是不能拯救的，能够安定天下的人恐怕就是你了！"

熹平三年(174)，刚满20岁的曹操被郡人举为孝廉做郎官，不久即担任了负责地方治安的洛阳北部都尉，从此步入仕途。

中平元年(184)，声势浩大的黄巾起义席卷全国，东汉统治集团惊慌失措，几乎调集了全部的武装力量对其进行镇压。曹操被任命为都骑尉，带兵镇压颍川（今河南禹县）的黄巾军。随后，又被任命为济南相。

灵帝死后，太子刘辩即位，太后临朝。奸雄董卓率兵进京，废少帝立献帝，京都大乱。曹操见董卓倒行逆施，不愿与之合作，便逃出洛阳，回到家乡陈留，组织起一支5000人的军队，准备讨伐董卓。中平六年(189)十二月，曹操传檄天下，号召诸侯共讨董卓。于是，各路诸侯云集陈留。他们推袁绍为盟主，曹操担任奋武将军。

董卓的凉州兵骁勇善战，关东军10万余人驻酸枣（今河南延津北）一带，无人敢向洛阳推进。曹操无奈，只得孤军西进，欲占据成皋。张邈派遣将领卫兹分兵跟随曹操。到荥阳汴水（今河南荥阳西南的索河），曹操遭遇董卓将领徐荣，曹军大败，士卒死伤很多，曹操被流箭射中，危急中幸亏堂弟曹洪把自己的坐骑换给了他，才得以趁天黑逃走。

曹操兵败后，各路兵马十多万人天天饮酒欢会，不图进取。曹操见诸侯联军不能成事，就率领残军离去。

不久，青州黄巾军百万人开进兖州，杀了任城国相郑遂，转入东平。兖州太守刘岱战败被杀，鲍信与州吏万潜等人到东郡迎接曹操来当兖州牧。曹操进兵在寿

曹操

张东(今山东东平西南)进击黄巾军，鲍信奋战而死，才勉强击败了黄巾军。曹操追击黄巾军直到济北，黄巾军求降，曹操接受降兵30多万，百姓100多万口，收编了其中精锐的兵士，号称"青州兵"。

智挟天子　官渡决胜

诸侯联军瓦解后，曹操经过6年经营，拥有了自己的地盘和一支有较强战斗力的军队。于是，他接受谋士毛玠提出的"奉天子以令不臣，修耕植，畜军资"的战略性建议。献帝建安元年(196)正月，曹操领兵到达武平(今河南鹿邑西北)，准备迎接献帝。七月，献帝回到洛阳，曹操朝见献帝后，皇帝授予他符节、黄钺，总领尚书事，卫戍京都。洛阳残破不堪，曹操劝献帝将都城迁往自己的根据地许县(今河南许昌东)，献帝不敢不从。九月，献帝自关东来到许都，任命曹操为大将军，封武平侯。从此，曹操取得了"挟天子以令诸侯"的政治优势。

从建安二年起，曹操利用政治上的优势，东征西讨，开始了他翦灭群雄、统一北方的战争。他先后败张绣，灭吕布，终于与北方最强大的军阀袁绍形成决战态势。

建安四年(199)四月，曹操进军到达黄河边。这时袁绍拥兵10万，准备进军攻打许都。许多将领认为不可抵挡，曹操说："我了解袁绍的为人，他志大才疏、色厉内荏、嫉妒刻薄而缺乏威信，兵力虽多而指挥不当，将领骄横而政令不统一，土地虽广，粮食虽多，却正好成为对我的奉献。"十二月，曹军驻扎在官渡。袁绍也向官渡进军。

曹操为了避免在与袁绍决战时腹背受敌，决定先灭刘备。诸将都担心袁绍会乘机袭击许昌，曹操胸有成竹地说："刘备是人中豪杰啊，现在不打垮他，必然成为后患。袁绍虽有远大志向，而遇事反应迟钝，一定不会动兵的。"曹操东向，败刘备、降关羽。袁绍果然没有出兵。二月，袁绍派兵攻打东郡太守刘延。四月，曹操往北救援刘延。曹操带领军队日夜兼程直奔白马，派张辽、关羽作先锋打败了敌军，斩了颜良，就此解了白马之围。

曹操与袁绍两次交战，先后杀了袁绍手下的两员名将颜良、文丑，袁绍大为震动。八月，袁军步步为营，向前推进。曹操也分营相抗，交战不利。这时曹操的兵力不足一万人，受伤的士兵又占十分之二三。袁军又逼近官渡，筑土山挖地道。曹操也在自己的营内筑土山开地道，与之对抗。面对强大的袁军攻势，曹操军粮不足，处境极为困难。这时袁绍的谋士许攸来投曹操，并献计让曹操偷袭袁军的军需重镇乌巢。曹操大喜，立即按计行事。结果乌巢被破，袁军粮草尽被焚毁，立即溃败，曹操大获全胜。官渡之战后，北方已尽入曹操的掌握之中。

封侯拜相　实施屯田

曹操基本平定北方后，兵锋转而向南，结果在赤壁之战中大败。建安十六年 (211) 七月，曹操西征，驻潼关、渡渭水、过黄河、进长安，一路西征，连战连胜。建安十八年 (213) 正月，曹军进军濡须口，攻破孙权在长江西岸的军营，俘获孙权的都督公孙阳。四月，曹操回邺城。五月初十日，汉献帝派御史大夫郗虑手持符节、策书封曹操为魏公。建安十九年 (214) 三月，献帝把魏公曹操的地位升到诸侯王之上，改授他金质玺印、红色绶带、远游冠。

建安二十年 (215) 春正月，献帝立曹操的二女儿为皇后。三月，曹操西征张鲁，到达陈仓。五月，曹操攻破河池。九月，献帝命令曹操可以秉承皇上旨意封立诸侯、任命太守和国相。建安二十一年五月，天子晋封曹操为魏王，还封他的女儿为公主，并赐给她汤沐邑。

曹操作为一代名相，不愧为一位著名的军事家。同时，在恢复经济、发展农业方面也有重要贡献。

东汉末年，朝政败坏，民不聊生，军阀混战，百姓流离失所，大片土地荒芜，生产力受到极大破坏，全国发生严重的灾荒。面对这种残酷的现实，曹操力图恢复经济。定都许昌的当年，曹操采纳了枣祗、韩浩关于屯田的建议，立即着手在许都附近实行屯田。在镇压黄巾农民起义的过程中，曹操又获得了大批的劳动力和耕牛、农具，这为他实施大规模屯田创造了条件。

曹操屯田分为军屯和民屯两种，军屯按原来建制，由军官直接督领，大司农派官协助。民屯也同军屯一样，实行军事编制，以屯为单位，每屯 50 人，由屯司马督领。在屯田过程中，官府把一些无主的土地贷给流亡的农民耕种，所得谷物官民按比例分成。实行屯田一年就得谷 100 万斗，既安定了百姓生活，也解决了严重的军粮问题。

为了军事和经济的需要，曹操督促农民垦辟荒地，兴修水利，发展生产。他们先后开凿了平虏渠、泉州渠和新河 (在今天津南、北)，在中原地区和黄河流域开通或整修了利曹渠、九龙渠、成国渠、睢阳渠、讨虏渠等，所修陂塘也很多。伴随着农业生产的发展，手工业和商业也有很大的起色。

改革政治　任人唯贤

作为中国历史上杰出的政治家，曹操对东汉以来只重门第、德行，不重真才实学的选举制度的危害深有认识。他大胆地变革官制，加强法制，提倡唯才是举。

首先，曹操对东汉的官制进行了改革，建立了以丞相为首的台阁制，消除了中央权移宦官、外戚，地方权移州牧的弊端。建安十三年(208)，曹操任丞相，他在丞相之下设有东曹、西曹(后省)、法曹等几个部门，东曹掌选官。这种设置，是列曹尚书由内廷转到外朝，由少府属下转为丞相属下的开端，是中央官制的重要改革。中央的军事权也归丞相掌握。曹操设置了两种军职，以掌握内外诸军。一种是中领军和中护军，都是丞相府的属官。他们分掌禁兵，有效地防止了东汉内廷事变的重演；另一种是四征将军，即征东、征西、征南、征北，皆掌征伐。同时，曹操又提高了偏裨杂号将军的地位，分掌四个方面的征伐大权，直属于丞相。从此，大将军之号虽在，但名同虚设。另外，曹操对地方的官制也进行了一系列改革。

在用人方面，曹操彻底打破了世俗的门第观念，坚持唯才是举、唯贤是用的方针。他曾三次下令求贤，明确表示：只要有治理国家、指挥军队的才能，不论出身高低、名声好坏，一概任用。

曹操手下的几位重要谋士，如荀彧、郭嘉、满宠等皆出身寒门，有的仅当过郡县小吏，曹操破格提拔他们担任要职，参与军国大事。曹操手下的几位能征善战的名将，如于禁、乐进拔自行伍，张辽、张郃、徐晃、庞德四人还取自败亡之敌方。原属董卓系统的军阀张绣，曾和曹操多次交战，在一次战斗中还杀死了曹操的长子曹昂，最后他降曹，曹操知他具有指挥作战的才干，便不念旧恶，任命他为扬武将军。就连替袁绍作讨曹檄文、骂过曹操祖宗三代的陈琳，也被曹操留在身边掌管文书，充分体现了一位政治家的宽宏大度。

曹操十分重视法治。他认为："刑法关系到百姓的性命，而我们军中掌管刑狱的人有的不称职，把三军死生的大事委任给他们，我非常担心。应该选拔通晓法令事理之人，让他们掌管刑法。"于是设置管理刑狱的理曹掾属。贾逵为豫州刺史，两千石以下官吏犯法者，全被他奏免。曹操把这种事情公布，要各地遵照执行。

在处理与少数民族的关系问题上，曹操也有独特之处。建安十九年(214)，安定太守丑丘兴将要赴任。曹操告诫他："羌人、胡人想要和内地交往，应当让他们派人来，切记不要派人去。善良的人难以找到，不好的人势必会教唆羌、胡人提出不合理的要求，以便从中自己谋利；我们不答应就会使异族失望，答应了，就会对我们不利。"丑丘兴到达安定郡后，却派校尉范陵到羌人那里，范陵果然教唆羌人，叫他们请求让自己当属国都尉。曹操说："我早已料到会是这样的。我不是圣人，只是我经历的事多点罢了。"

擅杀后妃　诛除异己

曹操自从迎接献帝入许都，再加上南征北战，功高盖世，因而逐渐大权在握，专横朝政。他诬陷太尉杨彪私通袁术，将他关押狱中。议郎赵彦恨曹操专横，上书弹劾，结果被曹操杀害。车骑将军董承见曹操专横日甚，于是暗地使人致书刘备，使刘备作外援，自己为内应，同时又与吴子兰、王子服等暗地安排，日夜筹备。谁知事机不密，竟为曹操所探知，立即遣派兵吏把董承等一齐拿下，拘押狱中。献帝的董贵人是董承的女儿，曹操竟不顾献帝的一再乞求，命人将董贵人拖出宫外勒死。董承、吴子兰、王子服等被一并斩首，并诛灭三族。

董贵人遇害后，伏皇后心内不安，于是给其父伏完写信，历数曹操之罪行，希望他伺隙密图。伏完虽授职辅国将军，却是性甘恬退，不愿与曹操争权，所以接得伏后书信，始终未发。曹操封为魏公时，伏完已死了三四年了。不料伏后的书信，竟被伏家怨仆偷献给曹操，曹操不禁大怒，立刻派华歆入宫捉拿伏后。伏后躲入复壁间，竟被华歆揪出。伏后头发散乱，光着双脚，哭着对献帝说道："陛下竟然不能救我活命么？"献帝呜咽道："我也不知能活到何时！"又对郗虑道："郗公！天下真的有这种事吗？"华歆不由分说，竟然将伏后及其二皇子一齐鸩杀，后又诛死伏氏家族达数百人。

尚书崔琰为人极为正直，做事亦是不偏不倚，他曾荐举钜鹿人杨训为丞相属掾。当曹操自汉中归朝，群吏议封曹操为王，杨训更是发表称颂，语言备极阿谀。崔琰览表十分不悦，即写信责备杨训道："看了你所写之表，可见你很善于侍奉之道，真是合于时势啊！不久应当有变！"曹操晋爵魏王后，探知崔琰书信之语，说是"不久应当有变"为怨谤之语，于是收捕崔琰下狱，罚充徒隶。

一日，曹操登铜雀台玩赏，望见曹植之妻乘车出游，满身衣绣，装饰得非常艳丽，心下不禁愤恨，便不再玩赏而归家，随后竟逼曹植之妻自尽。因为曹植之妻是崔琰哥哥的女儿，曹操又迁怒于崔琰，也将崔琰赐死。东曹掾毛玠，有感于崔琰无辜被杀，作文哀吊，也被逮捕下狱，幸亏同僚为其申诉，才得以释放，被免官遣回故里。

文学领袖　毁誉参半

曹操除了是当时第一流的政治家和军事家，又是第一流的文学家和诗人。史书上说他"登高必赋，及造新诗，被之管弦，皆成乐章"。他曾于戎马倥偬中写下了大量诗篇，是建安文学的领袖人物。

从现在保留下来的曹操少数诗篇可以看出，他的诗苍凉雄建，才气纵横。五言诗中著名的有《蒿里行》，是描述东汉末年军阀混战、连年兵甲不解、生灵涂炭的情况。有诗句曰："铠甲生虮虱，万姓以死亡；白骨露于野，千里无鸡鸣；生民百遗一，念之断人肠。"四言诗中著名的有《步出夏门行》，是建安十二年(207)北击乌桓，路过碣石山(今河北昌黎县)时所作。第一篇是"艳"，下分四章。第四章《龟虽寿》有诗句曰："老骥伏枥，志在千里，烈士暮年，壮心不已。"《短歌行》也很有名，有诗句曰："月明星稀，乌鹊南飞；绕树三匝，何枝可依？山不厌高，海不厌深；周公吐哺，天下归心。"

曹操的诗多借乐府旧题抒发自己的政治情怀，气魄雄伟、慷慨悲凉，为传世之作。他的儿子曹丕、曹植和他的幕僚王粲等人均受其影响，成为建安文学的代表人物。

建安二十五年（220）正月，曹操戴着汉丞相的头衔在洛阳病逝，享年66岁。谥号"武王"。

华　歆

华歆（？－231），魏文帝时司徒。字子鱼。平原郡高唐（今山东禹城西南）人。历任郎中、尚书郎、尚书、侍中、御史大夫、相国、司徒、太尉等职，先后受封安乐乡侯和博平侯。谥号"敬侯"。华歆为官清正廉明、严谨，深得民心。

年轻时代的华歆以行侠仗义而出名。有一次，为了躲避西京之乱，他与六七个同伴逃出武关，在半路上遇到一个老人苦苦相求想与他们同行，大家都很同情他，想让他同行。华歆独自说："不行。现今已处在危险之中，祸福患害，如出一辙。无故接受他人，不知其义。既然接受他，若有进退，中途还能放弃吗？"不忍拒绝的同伴于是让他一起同行。不料，没走多久，这个老人却掉入井里，大家都想放弃他。华歆又以既已同行就不能放弃为理由阻止住了大家。于是，华歆等人一起把他从井中救出。大家都很佩服华歆的仁义之举。

高唐，是华歆的家乡，也是齐地有名的都市，城中士大夫都有游逛的习惯。华歆做官吏，逢例假走出官署，就直接回家关上门。同郡的陶丘洪也是知名人士，以为自己的见识远远超过华歆。当时王芬和豪杰阴谋废黜汉灵帝，王芬暗中招呼华歆和陶丘洪，共同商定计策。华歆劝打算去的陶丘洪说：废立是件大事，伊尹、霍光也感到难办。王芬性格疏狂且不懂军事，这件事必定失败，灾祸却将牵连整个家族。陶丘洪听从华歆的意见才没有去。后来王芬果真失败，陶丘洪对华歆钦佩的五体投地。

华歆在扬州任职期间，扬州刺史刘繇死了。大家都想推举华歆为主。华歆以擅自接受非人臣之宜而加以拒绝了。

汉灵帝时期，华歆被荐举为孝廉，受命为郎中。后来，他因病辞去官职。汉灵帝逝世，何进辅助朝政，征诏河南郡的郑泰、颍川郡的荀攸及华歆等人。华歆应诏，担任尚书郎。董卓把汉献帝迁至长安，华歆请求出任下邽县令，因病没有到职，就从蓝田到了南阳。当时正在穰县的袁术立即把华歆留住。后来，华歆劝说袁术派遣军队讨伐董卓，袁术没有采纳。华歆打算离开，正巧皇帝派太傅马日磾去安定关东，马日磾聘任华歆为属官。华歆随马日磾东行至徐州，不久华歆被皇帝任命为豫章郡太守。由于华歆处理政事公正廉洁，深受官民爱戴。孙策占领江东，在即将进攻豫章之时，先派遣部下虞翻前去说服华歆，华歆回答道："我已久在江表，常常想北归故里，孙策既然来这里，我可以离开了。"虞翻回报孙策，孙策进兵。孙策见到华歆后，认为他德高望重，向他行了弟子之礼。

孙策死后，曹操在官渡上表皇帝征聘华歆，孙权不想放他走，华歆认为孙权刚和曹操交好，情谊还不牢固，正好自己可以去效劳。孙权听了很高兴，就打发华歆走了。

华歆要走的消息传出之后，有1000多名宾客故旧前来送行，同时还赠送他几百金。华歆都没有拒收，暗地里一一做上记号，到临走时，把所接受的礼金全部聚集在一起，以自己远行，又带如此的东西而招来麻烦为由劝说大家拿回自己的礼金，宾客们都十分佩服他的美德。

一到达，华歆就受任议郎，参与司空府军事。后入朝任侍中，代替荀彧担任尚书令。曹操征战孙权时，上表任命华歆担任军师。之后，虽身为东汉官员的华歆顺应潮流，积极为曹操的统一大业而奔走。曹魏政权建立后，他也自然地成为重臣。

魏国建立后，华歆担任御史大夫。曹操死，曹丕继承王位，封华歆为相国，又封安乐乡侯。到曹丕称帝后，华歆改任司徒。曹丕称帝受禅，华歆登坛相仪，奉皇帝玺绶，以成受命之礼。群臣都面带喜色，只有华歆和陈群脸上却没有丝毫喜气，所以被迁为司徒，没有授与爵位。魏文帝很久都不高兴，便问尚书令陈群："我应天受禅，百辟群后，莫不人人悦喜，形于声色，而相国及公独有不怡者，为什么？"陈群离席长跪说："我与相国曾属汉臣，心虽悦喜，义形其色，怕陛下及群臣见之心内憎恶。"文帝听后十分高兴，对他们于是加以重用。

华歆向来清贫，他把所得俸禄和赏赐用来救济亲戚故旧，而自己却家无积粟。不仅陈群经常称赞他，就连魏文帝曹丕都对华歆赞叹不已，还特别赐给他御服，还为他的妻子儿子都做了衣服。

华歆认为，自汉末战乱以来，六经已经没落，保存、建立六经的研究来崇尚王道势在必行。如果能兴六经，必然可以征召到特别优秀的人才。皇帝听从了他的意见。黄初年间，诏令公卿大臣荐举具有卓越德行的君子，华歆荐举管宁，皇帝用安车去征召他。

明帝曹叡继位后，进封华歆为博平侯，增加500户

魏文帝曹丕

食邑，后来，华歆又转任太尉，此时他年事已高，多次请求离任，把官位让给名士管宁，明帝不同意。到召开群臣大朝会时，就派遣散骑常侍缪袭向华歆宣诏，诏书自然对华歆赞赏一番，又希望他不要以各种理由进行推辞。明帝还命令缪袭必须等到华歆起身才可以回来。华歆不得已只得赴会。

太和年间，明帝派遣曹真攻打蜀国。明帝的车队东向到了许昌，国家常年疲于征战，华歆对此十分忧虑，他上书劝谏明帝专修内政，把征战之事放在次要位置，明帝对华歆忧国忧民之情深为感动，但同时表示不能坐等敌人自灭。但不久，因秋雨连绵不停，明帝诏令曹真带领军队返回。

太和五年，华歆去世，谥号"敬侯"。

钟　繇

钟繇(？　－230年)，魏文帝、明帝时司徒。字元常。颍川郡长社县(今河南长葛东)人。本为东汉旧臣，魏建立后，任相国、太尉，居三公，先后受封崇高乡侯和平阳乡侯。谥号"成侯"。

钟　繇

钟繇从小就被人们视为非凡之人。一次，他与族父钟瑜一起到洛阳，途中，一位看相之人说他有贵人之相，又有水淹之灾。他们行走不到10里，途经一座桥时，马受惊吓而跌落水中。钟繇险些被淹死。钟瑜因看相人说中，更加看重钟繇，并提供大量钱财来供他学习。

后来，学有所成的钟繇被荐举为孝廉，任命为尚书郎、阳陵县令，后来因病辞去官职。三公官府应征召他，让他担任廷尉正、董门侍郎。

此时，在西京的汉献帝因李傕、郭汜等人在长安作乱而与关东断绝了联系。曹操兼任兖州牧后才派遣使者上书朝廷。李、郭二人商议扣留太祖派来的使者，拒绝曹操的意图。钟繇劝李、郭等人说，现在正逢乱世，许多大臣都假托帝令而独断专行，只有曹操才是忠于朝廷的，并希望他们交好曹操。李傕、郭汜等人采用了钟繇的意见，给以丰厚的回报。从此，曹操的使命就得以传达。

钟繇的名字已经多次被曹操听说，这次他劝说李傕、郭汜，所以曹操又多了几分尊敬。后来李傕胁迫天子，钟繇与尚书郎韩斌一起谋划。天子之所以能离开长安，是与钟繇的功劳分不开的，钟繇受命任御史中丞，后升任侍中尚书仆射，又封为东武亭侯。

在关中各路混战的军阀中，钟繇有力地支持了曹操。曹操在崤山以东有战事，担心关西局势，于是上表让钟繇以侍中身份暂时署理司隶校尉，持节督率关中各军，让他不受限制处理后方之事。钟繇到达长安，将信转给马腾、韩遂等人，向他们陈述祸福关系。于是马腾、韩遂各自派遣儿子来京侍奉皇帝。

曹操在官渡之战中，钟繇给送去2000多匹马以供军用，曹操立即写信给钟繇进行称赞，并将他比之自己的萧何。可见，钟繇在曹操的心目中何等重要，钟繇已被曹操视为宰相。

后来，钟繇率领各军围攻在平阳郡的匈奴却没有攻下。袁尚所投的河东太守郭援到达河东，他的部下很多。各将领商议放弃单于离去。钟繇却认为自己应在汾安设立兵营，这样敌军必然来攻，在敌军过河之时可以趁机将其消灭。果然，郭援要轻率渡汾河，部众劝阻他，他不听，当他们渡河不到一半时，钟繇军出击，大败他们。杀了郭援，降服了单于。不久，河东卫固叛乱，与张晟、张琰及高干等人一起掠夺，钟繇又率领各将领征讨并打败了他们。钟繇又迁移关中百姓到长安，又招纳叛逃的人来补充，使得百姓户口渐渐增多，为洛阳的重建做出了突出的贡献。后来，曹操征伐关中的军需主要来源于此，上表任命钟繇为前军师。

钟繇对法律建设十分重视，并对之进行过深入的研究。从曹操时候开始，钟繇对法律尤其是刑法有着深刻的见解。到了曹丕文帝时，他们就对法律进行不懈的探索与研讨，推动曹魏时期法律制度的发展。

曹操曾经下令让大家对死刑是否可以改为宫刑进行讨论。钟繇认为：古代的肉刑经过以往圣人使用，应该再度施行，用来代替死刑。但众人都认为这不是悦民的办法，就被搁置下来。

曹丕称帝以后，钟繇再度提出讨论肉刑。文帝也很重视，曾下诏书让公卿一起好好讨论，但后因战中而被搁置。

时任大理卿的钟繇当然不肯善罢甘休，一直坚持自己的观点，于是再次上疏请求恢复肉刑。钟繇的奏书呈上以后，皇帝又下达诏令让公卿百官要一起好好商讨。司徒王朗发表意见，认为钟繇想轻易减少死刑条款，这只是使死尸变成活人而已。他主张五刑的条款写在法令条律上，本有减免死刑一等的法令，不处死就是减刑。现在可以按照钟繇所要减的死罪，把它减为髡刑、刖刑。如果嫌它太轻，可以增加他们在狱中服役的年数。这样，对内有用生来换死的不可估量的恩德，对外没有用刖刑来换取钳脚的骇人听闻的名声。当时参加讨论的有100多人，大多数都同意王朗的意见。魏明帝因为吴、蜀尚未平定，又将此事耽搁了下来。

由于多年的追随，曹操对钟繇十分信任和重用。魏国建立，钟繇就担任大理卿，主持司法工作。后来升为相国。魏文帝曹丕为太子时，赐给钟繇五熟釜，釜上刻有对钟繇称赞的话语。

几年后，由于受西曹椽魏讽谋反的牵连，钟繇被罢官回家。但文帝曹丕即王位时，钟繇改任廷尉，进封崇高乡侯。后升任太尉，转封平阳乡侯。

后来，明帝曹叡即位，进封钟繇为定陵侯，增加食邑500户，这时他总共有1800户食邑了，升任太傅。钟繇膝部有病，跪拜与站起都不方便。华歆也因年高有病，皇上都让他们在朝见时乘坐舆车，由虎贲抬着上殿就坐。

太和四年(230)，钟繇去世。魏明帝身穿孝服，亲临吊丧，赐谥号"成侯"。

司 马 昭

司马昭(211－265)，魏末期侍中、相国。字子上，河内温县(今河南温县西)人。正元二年(255)，司马昭继兄司马师为大将军、侍中、督中外诸军，录尚书事，进位相国。谥号"文王"。司马昭颇有才干，治军有方，赏罚分明。他把持朝政期间，灭亡了蜀汉。

初露锋芒　智取寿春

司马昭出身于权贵家庭。其父司马懿追随曹操多年，在曹丕时期任尚书，封安国乡侯。曹叡称帝时，司马懿与曹真、陈群共同辅政。曹芳即位，任侍中、迁太傅，掌握朝政大权。司马昭之兄司马师曾任大将军之职，司马懿死后代之专断朝政。

景初二年，司马昭受封新城乡侯。废帝曹芳正始初年(240)，司马昭任洛阳典农中郎将。当时由于魏明帝大兴土木、营造宫室致使天下百姓生活日益艰难。司马昭

司马懿

作为主管农业的官员，大胆地免除了百姓的苛捐杂役，并根据不同的季节及时耕作，鼓励百姓重视农业生产，因而赢得了老百姓的信赖和拥戴。不久，朝廷将其升任为散骑常侍，开始步入军界。

魏大将军曹爽伐蜀时，司马昭任征蜀将军，作为夏侯玄的副手，率军出骆谷，驻宿兴势。蜀将王林夜袭司马昭营地，而司马昭假装睡觉，让人觉得他已经胜算在握。王林退兵以后，司马昭认为费祎占据险阻，难以攻下，劝夏侯玄班师，于是，曹爽等人率军回归。结果费祎果然火速调兵赶往三岭，想截断魏军的归路。在这紧要关头，魏军争得险要之地，军队方得通过。回师后，司马昭功加一等，拜为议郎。后又因司马昭保卫二宫，确保了诛杀曹爽的成功，于是增邑1000户。

之后，朝廷派征西将军郭淮出兵抵御进占陇右的姜维，同时任命司马昭为安西将军、持节，驻守关中，节度诸军。郭淮与姜维别将句安交战，久久不能取胜。司马昭进据长城，向南直追骆谷作为疑兵，采用声东击西、调虎离山之计。果然姜维惊恐，退军保护南郑。孤军奋战的句安只好投降了司马昭。司马昭又立战功，转安东将军、持节，镇守许昌。

魏军讨伐王陵，司马昭总督淮北各项军务，率各路兵马会合于项。由于又建战功，被增邑300户，假金印紫绶。不久，又进号都督，统帅征东将军胡遵、镇东将军诸葛诞伐吴。后因战败，司马昭被免去新城乡侯。

延熙十六年(253)，蜀将姜维再次进占陇右，扬言要攻狄道。当时司马昭正好任征西将军而驻守长安。雍州刺史陈泰想在敌军到来之前抢占狄道。司马昭分析说："姜维进攻羌人，收服羌人之心，聚集粮食，筑成粮仓。现在又转军到此，正是要了结塞外诸羌的事宜，为以后获取粮食提供方便。假如真正占据狄道，是不会故意宣扬让人知道的。现在他们说要攻占狄道，其实是要回去了。"不久，果然像司马昭所料，姜维烧营而去。同时，司马昭又击败了羌人的二次反叛，并在灵州炫扬军威，北边的少数民族震惊，背叛者又都归降。司马昭因功复封新城乡侯。

正元元年(254)，司马昭参与拥立曹髦为帝的决策，因功进封高都侯，增封2000户，兼中领军留镇洛阳。司马师死后，司马昭采纳了傅嘏和钟会的计谋，亲自率军回洛阳。到洛阳以后，司马昭进位大将军，加侍中，都督中外诸军，录尚书事、辅政，可以佩带宝剑、穿着鞋子上朝见皇帝，但司马昭加以推辞没有接受。

甘露元年(256)春正月，司马昭加封大都督，奏事不称名。夏六月，进封高都公，封地700里，加九锡，假斧钺，进号大都督，可以穿鞋带剑上殿，司马昭数次推辞没有接受。秋八月庚中，加假黄钺，增封三县。

甘露二年(257)夏五月，镇东大将军诸葛诞杀扬州刺史，占据淮南以抗朝廷，并派遣其子诸葛靓为人质到吴国，请求救援。消息传来，满朝皆认为应火速征讨。司马昭却认为：诸葛诞这次兵变虽然规模大而来势缓慢，我们应当同心合力，以求一举全胜。秋七月，司马昭率军进驻项，假廷尉何桢节到淮南宣慰将士，司马昭进军丘头。吴国派文钦、唐咨、全瑞、全怿等3万人来救助诸葛诞。吴军冲破魏军的拦截而进城与叛军会合。司马昭下令将临敌不进的魏将李广、称病不出的泰山太守常时斩首。

八月，吴将朱异率兵1万多人，留辎重在都陆，轻装到黎浆。魏国监军石苞、兖州刺史州泰前往抵御，迫使朱异退兵。紧接着泰山太守胡烈又将朱异的粮草烧毁于都陆，石苞和州泰又同时进击朱异，朱异大败，后被吴人所杀。根据司马昭对作战双方的分析，他下令各路部队合围，同时下令一部分身体衰弱和病残的兵卒到淮北去就食，给军士大豆每人三升。消息传到吴军，文钦大喜。司马昭见吴军中计，于是命令军队更加显示出衰弱的形势，大量派遣反间士兵，扬言吴国的救兵即将到来。这下，诸葛诞等人更加坚信自己的援兵不久就会到来，于是对伙食的节制也放松了，城中很快面临缺粮的问题。之后，司马昭又采用了钟会提出的反间计，致使全静兄弟五人率领吴兵开城门投降，寿春城中一片惊慌。

甘露三年(258)春正月，魏军击退企图突围的诸葛诞、文钦。文钦和诸葛诞在许多事情上存在分歧，现在两人更加互相猜疑。恰巧文钦冒犯了诸葛诞，盛怒之下的诸葛诞亲手杀了文钦。文钦之子文鸯想替父报仇，率兵攻打诸葛诞，未能取胜而越城投降了司马昭。司马昭任文鸯为将军，封侯，派他巡城喊话，司马昭看见城上士兵弯弓而不发箭，便下令攻城。二月，司马昭率兵攻下寿春城，斩诸葛诞，诛夷三族，又收降了投降的吴将，并给予加爵。

弑君夺权　平蜀定钟

甘露三年(258)夏四月，平定寿春的司马昭回到了洛阳，后废帝对他多次加封，后至晋公，晋位相国，子孙皆封侯。至此，司马昭操纵朝政、独揽大权，根本不把皇帝放在眼里。

后废帝对司马氏长期把持朝政表示不安，深感自己皇位受到威胁，所以他对司马昭越来越不满，甚至愤恨。曹髦唯恐受到被废的屈辱，所以他想亲御平台，召集百官，放黜司马昭。五月，年少气盛的曹髦使冗从仆射李昭等发兵于陵云台，召侍中王沈、散骑常侍王业、尚书王经，从怀中取出黄素诏给他们看，并戒严等到天明。

后废帝自以为布置十分周密，殊不知司马昭的耳目遍布朝廷上下，王沈、王业从陵云台回来后便把详情及时汇报了司马昭。司马昭虽然内心十分恼火，表面上却显得很平静。他召护军贾充等做准备，君臣之间的争斗一触即发。

后废帝曹髦知道事情已经泄漏，于是不顾左右大臣地劝阻，立即率兵前往相府，并称：此次讨伐司马昭，如有反抗者，诛灭三族。在其威慑之下，相府兵将无人敢上前，贾充指责诸将说："司马公豢养你们这些人，正是为了今天！"太子舍人成济抽出武器，逼近后废帝的车乘，将曹髦当场杀死于车乘之中。

皇帝被弑，满朝上下震惊，但群臣畏于司马昭的权势，敢怒不敢言。司马昭召集百官商议此事，仆射陈泰要求腰斩贾充，向天下谢罪。贾充乃司马昭亲信，不忍诛杀的司马昭再三考虑，采取杀成济保贾充的方法，斩杀了成济。由此，效忠司马昭的成济瞬时成了替罪羊。紧接着，太后下令以庶人之礼安葬了后废帝。

尚书王经一直忠心耿耿死保后废帝，对司马昭的专断恨愤不平，司马昭于是寻找借口杀了王经。

为了安抚群臣，司马昭曾趴在死去的后废帝身上号啕大哭，并上奏太后说：曹髦这次攻击相府的本意是要上危皇太后，倾覆亲庙，而自己有安定国家之责，同时自己又下令不准伤害皇帝，造成此次事变完全是成济所为等等。太后听后，只得好言对司马昭进行安慰。

安葬后废帝曹髦之后，司马昭和众公卿一起商议，决定立燕王的儿子常道乡公曹璜为元帝，后因避讳，曹璜改名曹奂。

景元元年(260)，元帝晋司马昭为相国，封晋公，增十郡加九锡如初，赐钱千万，帛万匹。但终在司马昭的坚决辞让下作罢。

景元四年(263)夏，司马昭出兵灭蜀。在元帝的再次下诏和公卿将校的百般劝进下，司马昭接受了相国印绶和晋公封号。

此次，司马昭讨伐西蜀，除钟会认为西蜀可灭外，其余将领包括邓艾在内都犹豫不绝。司马昭此次志在必得，听不进任何人的劝告，立即征四方兵马18万，令邓艾从狄道攻姜维于沓中；雍州刺史诸葛绪则从祁山进发，进军武街，断绝姜维归路；镇西将军钟会率前将李辅征蜀；护军胡列等从骆谷袭击汉中。同时，还斩了认为不可伐蜀的邓敦。

司马昭的谋士邵悌认为：钟会单独领兵而无人节制，必定会有图谋不轨的行为。司马昭说："这一点我也知道。众人都说蜀不可伐，一个将领如果心中犹豫怯懦，就会智勇全无，智勇全无的人出征，只不过白白给对方多送几个俘虏。钟会与我意见相同，且有勇有谋，此次出征必能成功。灭蜀之后他若图谋不轨，也不是问题，西蜀将领败军亡国后，自然不敢参与阴谋，魏国将士思念家乡，亦不肯与他同流合污，钟会要是作乱，只能自灭宗族。"

后来，邓艾率万余众从阴平越绝险至江油，在绵竹斩诸葛瞻，逼进成都，刘禅投降。司马昭表奏元帝，封邓艾为太尉，钟会为司徒。钟会攻灭西蜀后，心中滋生了谋反的意思，他想据西蜀的天险自守，进而兵临长安灭魏，再起兵灭吴，自己称帝。但他担心与他一起作战的邓艾会与自己作对，故而几次密报司马昭说邓艾有谋反之心。

接到钟会密报的司马昭立即明白了钟会的真正用意。他写信告诉钟会，他将亲自领兵10万西进长安，随时准备接应钟会。司马昭出兵的用意当然不是为了邓艾，而是为了对付钟会。

钟会接到司马昭的信后，猛然想到司马昭对自己其实早已起了疑心，只不过是想利用自己攻灭西蜀而已。于是，他仓促拥兵反叛，没料到司马昭早就在自己的身边安插了人手。没等叛乱真正发动起来，后将军胡烈就将他的人头斩下。

叛乱平定后，司马昭从长安返回洛阳。元帝加封司马昭为晋王，增封并前共20个郡。五月，元帝追加舞阳宣文侯司马懿为晋宣王，舞阳忠武侯司马师为晋景王，命中

邓 艾

抚军新昌乡侯司马炎为晋世子。

咸熙二年(265)二月，司马昭将地方向朝廷进贡的灵龟拿到自己府中。四月，孙皓派纪陟来聘问并献方物。五月，元帝命晋王冕十二旒，建天子旌旗，出警入跸，乘金根车，驾六马，备五时副车，置旄头云罕，乐舞八佾，设钟鼎宫悬，位在燕王之上。加封晋王妃为王后，世子为太子，王女王孙爵命之号皆如帝王之仪。

同年八月，55岁司马昭在露寝离世，九月葬于崇阳陵。其子司马炎受禅即帝位后，追封司马昭为"文皇帝"，庙号"太祖"。

诸 葛 亮

诸葛亮(181 – 234)，蜀汉两朝丞相。字孔明，琅玡阳都(今山东沂南南)人。父诸葛珪，官至郡丞；母章氏。谥号"忠武侯"。他运筹帷幄的风采，淡泊明志的气度，谦虚务实的作风，矢志不移的献身精神和不折不挠的顽强意志，均成为后人学习的楷模。

隐居南阳　隆中对策

诸葛亮的远祖诸葛丰在汉光帝时任过司隶校尉，其为官清正，名声很高。诸葛亮的父亲诸葛珪做过泰山郡郡丞。诸葛亮幼年时，父母先后去世，他便与哥哥诸葛瑾、弟弟诸葛均及两个姐姐随叔父诸葛玄生活。诸葛玄丢官后，带诸葛亮到荆州投靠刘表。

诸葛亮

不料，诸葛玄在诸葛亮17岁那年去世。失去了依靠的诸葛亮就带着弟弟诸葛均在襄阳城西20里地的隆中村，置了一点田产，盖了几间草房，一面耕种，一面读书，开始了隐居生活。

诸葛亮在隆中生活了10年，这期间他阅读了大量的经史和诸子百家的著作，尤其喜欢读《申子》和《韩非子》等法家著作。广泛地阅读、刻苦地钻研，使他获得了丰富的政治、军事、历史等方面的知识。

诸葛亮先后结识了许多当地及外地流寓而来的知名人士。其中有名士庞德公、"水镜先生"的司马徽、名士黄承彦、青年俊士庞统、颍川的徐庶、石广元等。诸葛亮常常和他们一起读书吟诗，谈古论今，评论天下事，抒发自己的政治抱负。

后来，诸葛亮又在司马徽的引荐下，拜了一位人称"酃公"的汝南灵山隐士酃玖为师。酃玖熟谙韬略，深通兵法，他传授了诸葛亮三部兵书，这对诸葛亮日后辅佐刘备带军打仗，起了极大的作用。

有一天，诸葛亮对朋友们说："如果你们去做官，凭你们的才能是可以当上刺史和郡守的。"当朋友们问他去做官能当什么时，他却避而不答，但他常常把自己和春秋战国时期的管仲、乐毅相比，希望能够在乱世中贡献自己的力量。庞德公也深感诸葛亮学识不凡，把他看成是隐藏在隆中山里的一条"卧龙"。

东汉末年，战乱频繁，动荡不安。刘备本西汉宗室之后，也想成就一番事业，但由于势力弱小，一直没有固定的地盘，只能寄人篱下，因此一直在到处寻找可以辅佐他的人才。经徐庶推荐，刘备决心请诸葛亮出山辅助自己。建安十二年(207)，刘备亲自带着关羽、张飞，冒着隆冬严寒，亲自到隆中拜访诸葛亮，但连续两次都没有遇到。后来在一个雪霁初晴、碧空万里的日子，刘备带着关羽、张飞第三次来到了隆中，两位怀着同样统一志向的政治家终于在隆中草庐里相见了。

刘备向诸葛亮倾诉了自己的志向和抱负，态度诚恳、坦率。诸葛亮被刘备的精神所感动，于是从容不迫地将心中的话和盘托出：

"自从董卓造逆以来，天下豪杰并起。曹操势力不及袁绍，而竟能打败袁绍，这既有天时，也有人谋的结果。现在曹操有百万之众，挟持天子以令诸侯，这确实不可与其争锋。孙权占据江东，已历经三世，地势险要且百姓乐于附属，贤能汇集帐下，因此孙权只可为援军而不可图谋攻取。荆州北据汉、沔，南尽南海，东连吴会，西通巴、蜀，这是用武之地，但是非杰出之人不能守。益州险塞，沃野千里，天府之国，高祖成就帝业正是以此为基础；如今刘璋暗弱，那里人们都盼明主出现。将军是帝室之胄，信义著于四海，如能占据荆益二州，西和诸戎，南抚彝、越，外结孙权，内修政理，等待天下一旦有变，从荆州攻宛洛，从益州出秦川，则天下可定、汉室可兴。"

诸葛亮的一席弘阔之论，涉及政治、军事、经济、地理、外交诸方面，总括了汉末的天下形势，预示着政局的发展前景，是诸葛亮的远见卓识和超凡的政治韬略的体现。刘备听后茅塞顿开，眼前呈现出一幅三分天下的战略蓝图。于是刘备恳切地请诸葛亮出山，帮助他完成兴复汉室的大业。诸葛亮见刘备虚怀若谷、抱负宏大，当下就痛快地答应了刘备的请求。从此，诸葛亮结束了他10年隆中隐居生活，正式踏入了政治舞台。

联吴抗曹　火烧赤壁

　　诸葛亮出山之后，第一件事就是帮助刘备扩充军队，把原来的几千人扩充到几万人。

　　不久，曹操领兵南下，进攻荆州，刘表病死，其子刘琮献城投降。曹操于是便与刘备相遇了。诸葛亮认为：以刘备单独的力量绝对无法与曹操的势力相抗衡，解决的办法只是一个，就是与江东的孙权联手。于是，诸葛亮请命出使江东，使孙权与刘备联合抗曹。

　　此时的东吴百官，主战主和意见不一，孙权只待周瑜回朝问计。诸葛亮来到东吴后，看出周瑜是此次出访的关键人物。而此时的周瑜虽心存抗曹的念头，可在诸葛亮面前却故显深沉，同时也想试探诸葛孔明，故而谈及抗曹之事，周瑜总是以言语搪塞，游说联合之事出现僵持状态。足智多谋的诸葛亮根据凡人对爱情都是自私的特性，针对周瑜气量狭小，故意曲解曹植《铜雀台歌》中

周　瑜

的两句话，"揽'二乔'于东南兮，乐朝夕之与共"。这激起周瑜对曹操的满腔怒火，下决心联刘抗曹。

　　然后诸葛亮见到孙权时只字不提联吴抗曹的请求，好像专门是为东吴的利益来点破迷津的。当时孙权只有26岁，正是血气方刚，诸葛亮知道他不会轻易投降，甘心屈居曹操之下，于是采用反客为主的策略，问孙权曹军压境，是否能与之抗衡，若不能，不如及早投降。

　　孙权听完诸葛亮一席话，心中不悦但表面依然平静，反问刘备为何不投曹操。诸葛亮以齐国壮士田横，不肯屈从高祖的招降而自杀为喻，说刘备乃堂堂汉室之后，钦慕其英迈资质而投到他旗下的优秀人才不计其数，不论最后事成或不成，都只能说是天意，但却是不会向曹操投降的。

　　一番话果然使孙权怒火中烧，发誓要与曹操对抗到底，于是诸葛亮的游说首战告捷。接着诸葛亮用分析的方法指出曹军的弱点，解除了孙权的不安和担心。信心百倍的孙权于是同意与刘备共同抗击曹操。

　　208年十月，孙权命周瑜为都督，统率精兵3万，溯江西上，会同刘备的军队在赤壁与曹军相遇，双方隔江对峙，拉开了赤壁大战的序幕。正如诸葛亮所料，江南气候阴霾，长江两岸潮湿，曹军多是北方人，初到南方，水土不服，疾病流行，又不习水性，受不住江上风浪颠簸。为了解决这个问题，曹操采纳了连结战船的方法，用长长的铁链将巨大的战船拴在一起，以减少船身的摇晃。可是，曹操万万没想到，这却给他的军队带来了灭顶之灾。诸葛亮夜观天象利用东南大风，吴蜀联军

火烧曹军战船，曹军陷入一片混乱，孙刘联军乘势从四面杀来，曹军大败，人马死伤不计其数。曹操从此退守北方，孙刘联军取得了赤壁之战的胜利。

赤壁之战后，诸葛亮又协助刘备乘胜占领了荆州所属的江南四郡——武陵、长沙、桂阳、零陵。诸葛亮被刘备拜为军师中郎将，总督零陵、桂阳、长沙三郡。诸葛亮发展生产、广纳贤才、勤勉治事，荆州很快被治理得井井有条，初具繁荣景象，三国鼎立局面也基本形成。

进取益州　治蜀有方

荆州巩固之后，刘备开始谋划新的地盘。在诸葛亮、庞统的协助下，他又顺利地占领了益州。至此，巴蜀地区也纳入了刘备的统治范围。

诸葛亮治蜀期间，重视修明政治。任人唯贤、唯才是举、严明法治、发展生产、严练治军，使新兴的蜀汉政权得以稳固，使军需和兵源也有了保证。

同时，诸葛亮很注意解决主客籍集团的关系。在以自己原来的荆州集团作为政权的骨干外，特别注意吸收刘璋集团和益州地方集团的人士参加政权。他重用拥护新政权的原有官吏，从而大大缓和了各集团之间的矛盾，也进一步巩固了自己的政权。

诸葛亮在用人上亦有独到的见解，任用贤能，这是他的一贯主张。他提出"挑马不一定非要挑到像麒麟那样的，只要跑得快就行；选贤才不一定拿圣人作标准，关键是知识渊博，能力强"。

杨洪，原是李严手下一个地位很低的功曹。诸葛亮在与他的交谈中，发现杨洪很有远见，立即表奏他为蜀郡太守，官位与李严并列。杨洪手下一个负责文字工作的小官何祗，很有进取精神，于是诸葛亮破格提拔他为广汉太守，又与杨洪同职。

诸葛亮用人不重资历，而且也不管门第出身。张嶷出身贫寒且有些放荡，但很有见识，屡建奇功，诸葛亮就把他提拔为太守。士卒出身的王平没多少文化，但他"遵守法度"，很有实战经验，就被诸葛亮加封为参军。后来王平在对魏军作战中，屡立战功，成为了一名英勇善战的将军。马超、黄忠都是降将，诸葛亮把他们提拔到同关羽、张飞、赵云并列的"五虎上将"的地位。

诸葛亮把严明法治、整顿吏治放在重要地位。他主持制定了一部比较完善的法典《蜀科》，作为蜀汉政权实行法治的基础。同时，他还制定出八条、七戒、六恐、五惧等科条来训励臣子。

经过诸葛亮的大力整治，蜀汉朝廷声威大振，政令严明，官吏不敢作恶，百姓人人向善，各级官吏的积极性和国家机构的工作效率大大提高。

诸葛亮还注重恢复和发展农业生产。他积极推行奖励耕战的政策，即使在前线的兵士也必须从事农业生产，他曾经招5000名青壮年到汉中屯田，并命令汉中太守兼任督农，把农业产量作为衡量政绩的标准。诸葛亮重视兴修水利，从而保障了西蜀农业的发展。

诸葛亮还将盐铁开采经营权收归国有，并专门设置了盐府校尉和司金中郎等官职，管理盐业和铁器的生产。他还用卖川锦的办法增加财政收入，补充空虚的国库。诸葛亮的这些措施大大增强了蜀国的实力，为后来的战争作了重要的保障。

受命托孤　北伐中原

220年，曹操病故，其长子曹丕废汉，自立为帝，建立魏国，年号黄初。魏文帝黄初二年(221)，在诸葛亮和大臣的劝说下，刘备亦在成都称帝，建立蜀汉国，以诸葛亮为丞相，置百官，立宗庙。同年七月，刘备为给关羽、张飞报仇，兴兵70万，大举伐吴，结果被陆逊火烧连营大败而归。刘备率军退回白帝城，一病不起。

蜀汉章武三年(223)三月，刘备在临终之际，将诸葛亮从成都召来，托付后事，让其尽力辅佐刘禅，还称若刘禅不成材，则可以取而代之。诸葛亮流泪表示定效忠贞之节，尽心尽力辅佐刘禅。刘备一面命内侍扶起诸葛亮，一面请李严前来，嘱咐他协助诸葛亮共辅太子。不久，刘备病逝。

刘禅继位后，封诸葛亮为武乡侯，又兼任益州牧。刘禅对诸葛亮视之如父，将所有事情都委托给诸葛亮处理。诸葛亮义不容辞，全面担负起蜀汉的军政重任。

蜀汉建兴四年(226)，魏文帝曹丕病逝。此时，诸葛亮已派邓芝出使东吴，与东吴重修盟好，又南征蛮夷，七擒孟获，安定了南方。诸葛亮认为北伐时机已经成熟，于是决定出兵。

建兴六年(228)春，诸葛亮第一次北伐。诸葛亮率领军队离开汉中北进，驻军于沔阳。然后佯装从斜谷进军，吸引魏军主力，实际上自己却率诸军攻打祁山。南安(今甘肃陇西)、天水(今甘肃甘谷)、安定(今甘肃镇原)三郡相继降蜀，天水将领姜维也向诸葛亮投降。消息传到魏国，朝野震惊。

魏明帝集步骑5万，亲自坐镇长安督师，并派左将军张郃领兵迎战蜀军。诸葛亮闻张郃率大军西来，即派马谡为先锋，扼守咽喉要地街亭。马谡到街亭后，自恃兵法稔熟，既不遵守诸葛亮对整个战役的作战部署，又不听将军王平的劝阻，擅自放弃街亭，屯军山上，打算居高临下攻击魏军。张郃乘机猛攻蜀寨，断绝其水源。蜀军因为缺水，军心离散，结果被魏军杀得大败，街亭失守，整个打乱了诸葛亮的部署。无奈之下，诸葛亮只好放弃到手的陇西三郡，撤军回到汉中。

诸葛亮回到汉中之后，挥泪斩马谡，杀将军李胜。诸葛亮上表自贬为右将军、

诸葛亮墓碑

仍行丞相职权。但是，诸葛亮并没有灰心丧气，而是加紧训练军队，申明纪律，准备新的北伐。

建兴十二年(234)，50多岁的诸葛亮决心再次北伐。此时，诸葛亮不仅在斜谷口囤积了以备军用的大量粮草，还专门研制出一种叫"流马"的四轮小车，以供在山地运粮所用。一切准备停当之后，诸葛亮亲自率领10万大军从陕南出发，直插陕西渭水南岸的五丈原，与魏军统帅司马懿在渭水边对峙。司马懿以守代战，诸葛亮用尽种种手段，最终都无济于事。因而为此身心疲惫，再加上其日理万机，日夜操劳，事无巨细都要过问，诸葛亮很快病倒了。在病重期间，他妥善为后主刘禅安排了治国之事。同年八月，54岁的诸葛亮带着未竟的事业离开了人世，谥号"忠武侯"。

蒋 琬

蒋琬(? —246)，蜀后主时丞相。字公琰，零陵郡湘乡县(今湖南湘乡)人。继诸葛亮之后，担任蜀国丞相12载，辅佐后主刘禅。谥号"恭侯"。蒋琬从政有诸葛遗风，明察善断，循法治国，力图实现国家统一大业。

投笔从戎　深受器重

蒋琬年少好学，聪明过人，仪态轩昂，气度非同寻常。青年时期，他就因才学而知名。后来，投笔从戎，追随刘备，最初只是一名秘书性质的佐吏，之后出任广都县县令。

广都距成都约70里，也为当时之名城，富于渔盐之利。如果在此为官，循序渐进，倒也不无前途。蒋琬却认为无法施展自己的才能，因此闷闷不乐，常借酒解愁。

有一次，他因大醉而未能处理公务。不巧刘备又突然来到广都视察，一见蒋琬这副样子，大发脾气，准备将其治罪。军师诸葛亮慧眼识俊杰，认为蒋琬与当年的庞统有很多相似之处，便向刘备请求不要以小事来衡量大才。刘备向来是尊重诸葛亮的，于是只免去了蒋琬的官职而未加罪于他。

不久，蒋琬任什邡(今四川什邡南)县令。刘备到汉中称王时，诸葛亮推荐他入朝任尚书郎。

建安二十四年(219)，刘备晋位汉中王，调蒋琬入中央任尚书郎。在诸葛亮的有意栽培下，蒋琬也兢兢业业，恪尽职守，逐步熟悉国家大政、典章制度，积累了比较丰富的管理经验。

蜀汉建兴元年(223)，后主刘禅即位，丞相诸葛亮负责处理蜀汉一切公务，蒋琬进入丞相府为东曹掾，主管二千石长吏的升迁，地位十分重要。诸葛亮对他十分器重，又举他为秀才，蒋琬谦逊不受，又提升为参军。建兴五年(227)，诸葛亮居汉中，蒋琬与长史张裔主持留守相府。这期间，他尽职尽责，由于处事能力很强，深得丞相诸葛亮的赏识。建兴八年(230)，蒋琬由于政绩突出，代替张裔任长史，又加抚军。诸葛亮北伐中原期间，蒋琬居于后方，为诸葛亮提供了充足的粮草和武器。诸葛亮常称赞蒋琬和自己一样忠诚，是共同辅佐王业的人。诸葛亮还秘密地上表给后主刘禅，说蒋琬可以继承自己的遗志。

诸葛亮在潜心治蜀期间，蒋琬成为其最得力的助手。不论诸葛亮从事的哪项工作，蒋琬都能发挥他的作用。正是由于蒋琬和诸葛亮共事多年，其才干与品行才深得诸葛亮的信赖，诸葛亮才敢把总理朝政的大权交给他。

蒋琬自从担任丞相掾属以来，诸葛亮一直与他保持着频繁的书信往来，多评论当时人才，兼及政局时势。

此外，蒋琬等人作为丞相掾属还负有监察巡行的任务。长水校尉廖立自以为才名仅次于诸葛亮，地位却在李严之下，于是很不服气，议论蜀汉君臣，对刘备、关羽也是大加批评。蒋琬将其言论向诸葛亮如实汇报，诸葛亮将廖立贬为庶民。

无论是书信往来还是亲临指教，蒋琬在诸葛亮的悉心指导下，处理公务越来越熟练，已经具备了作为一名最高管理者的必要条件。

好恶存道　心系北伐

建兴十二年(234)，诸葛亮病逝五丈原，举国上下一片哀声。不久，蒋琬做了尚书令，又迁大将军，录尚书事。

诸葛亮的逝世使蜀国人心惶惶，时有内乱发生，在蒋琬接任之前就有魏延的叛乱闹事，之后又有杨仪口出狂言、诋毁朝政之事，蜀国国势一片混乱。

在这种混乱的局面下，丞相蒋琬成为蜀国的顶梁之柱。他化悲痛为力量，冷静、沉着地处理朝政，安定朝廷，以尽快消除因诸葛亮之死而带来的不安和骚乱。慢慢地，由于蒋琬出色地接替了诸葛亮的政治权力，蜀国慌乱的局面和人心都得到了缓解。延熙元年(238)，刘禅又加封蒋琬为大司马。

蒋琬不仅恢宏大度，处变不惊，对人也不分亲疏厚薄，从不凭自己的好恶喜怒从事。东曹掾杨戏寡言少语，蒋琬同他讨论过问题，有时一言不发。有人认为杨戏这种和人说话总不回答的做法是对蒋琬的傲慢，应加以处置。蒋琬却说："每个人的人心与面孔一样，各有不同；当面听从背后又说三道四，这是古人所不取的。杨戏有时想赞同我的意见，但却并非他的本意；反对我的意见，又显出我的缺点，怕给我难堪。所以他只好采取沉默不答的样子。这正是杨戏的直爽之处。"

督农杨敏曾经诋毁蒋琬办事糊里糊涂，远远不及诸葛丞相。有人把这话报告了蒋琬，并请求对杨敏进行惩处，蒋琬说："我确实不如诸葛丞相，没有理由追究杨敏。"

后来杨敏因犯罪被关进监狱，不少人担心他因说过蒋琬的坏话而处死他，但蒋琬心里并无远近亲疏，完全秉公而断，杨敏也没有被判重罪。

做了丞相的蒋琬同时亦继承了诸葛亮的遗志。由于地理、经济、人才等因素的限制，诸葛亮尚且惨淡经营、劳而无功，而征讨之事、应变策略更非蒋琬所长。蒋琬深知自己难比诸葛丞相，但他依然决定北伐曹魏。

蜀汉延熙元年(238)，司马懿率军讨伐辽东公孙渊，后主诏令蒋琬率兵进驻汉中，等待时机，与孙吴夹击魏国。6年之中，蒋琬率军屯驻汉中，魏军不敢来犯。此期间，蒋琬还多次派姜维从西戎进攻魏境，但收效甚微。

同时，蒋琬又在进军路线上下了一番功夫。蒋琬认为诸葛亮生前多次出兵秦川，道路艰险，来往不便，不如沿汉水、沔水东下，进攻魏国的魏光、上庸二地。于是，下令大造舟船，准备出击。但蒋琬的这一举措引起了孙吴朝臣的疑惧，朝中官员也认为并非上策。不久，蒋琬旧病复发，水路攻魏的计划也就作罢。

姜 维

后主派尚书令费祎、中监军姜维来汉中与蒋琬商议大计，蒋琬深感惭愧，又一次上书后主，他诚恳地写道："为汉室除残去秽，是我应尽的职责，由于我资质驽钝，又兼疾病，来汉中6年，并无进展，俯仰维艰，寝食不安。现在魏国强大，北伐无益，我与费祎商议，认为凉州地势险要，进退可据，羌胡人心思汉，宜用姜维为凉州刺史，姜维出军西北，我当率军后继，而涪县水陆通达，万一东北有变，应付不难。"一片赤诚，一番苦心，溢于字里行间。

延熙六年(243)，蒋琬从汉中回军，到涪县驻军，以费祎为大将军，出守汉中。国事基本上都由费祎处理，尽管病魔缠身，蒋琬仍然念念不忘北伐事宜，想到丞相的重托，心中十分不安，觉得自己有负丞相厚望。

延熙九年(246)，蒋琬带着北伐未遂的心愿在疾病折磨之中与世长辞。

费　祎

费祎(？—253)，蜀后主时丞相。字文伟，江夏郡鄳县(今河南信阳东北)人。他继蒋琬之后，出任蜀国丞相。谥号"敬侯"。任相8年，继承诸葛丞相成规，竭力维持摇摇欲坠的蜀汉政权。

费祎的父亲在他很小的时候就去世了，难以维持生计的费祎母子只好依附族父伯仁。伯仁的姑母是刘璋的母亲，因此和刘璋有亲戚关系。所以，当刘璋派使者接伯仁去益州，费祎也就跟随伯仁来到益州求学。

伯仁到达益州时，正值刘备刚从刘璋手中夺取了这块地方。费祎也就留在了益州，与汝南郡人许淑龙、南郡人董允齐名。但他处事却与众不同。一次，许靖死了儿子，董允和费祎要一同到许靖儿子的安葬地相会。董允父亲董和，让他们乘坐一辆侍从使用的小车前去。董允认为降低了自己的身份，表现出难以乘坐的样子，而费祎却丝毫没有犹豫，便上了车。到达办丧事的地方，正巧诸葛亮和一些有声望、有地位的人在那里，车辆也都很华贵耀眼。董允于是神色不安，而费祎却安然自若。

董和听驾车之人详细地叙述了当时的情景后，对董允说："我常常怀疑你和文伟优劣没有区别，但现在我已经心里有数了！"

魏文帝黄初二年(221)，刘备在成都称帝。费祎和董允同任舍人，又升为庶子。后主刘禅即位后，费祎任黄门侍郎。

费祎一直受到诸葛亮的重视和照顾。诸葛亮南征回来，群臣僚属都到几十里以外迎接，年纪和职位大多在费祎之上，而诸葛亮唯独只叫费祎与他同车。因此，大家也都对费祎另眼相看。之后，诸葛亮任命费祎为昭信校尉，出使东吴。孙权生性滑稽，调笑诙谐没有限度。诸葛恪等人才识渊博，善于辞令，辩论诘难锋利之至。而费祎言辞顺达，语意实在，据事答辩，没有使蜀国尊严受损。

有一次，费祎在孙权的不断劝酒之下开怀畅饮。孙权看到费祎已经大醉，便借机向他问及国家大事，并论及当世之务，言辞锐利。费祎言明自己酒醉，回去之后便将孙权所问依次记录下来，然后逐条给予答复，竟没有一件事情被遗漏。

孙权十分赏识费祎卓越的外交才能。当费祎与孙权

蜀汉昭烈帝·刘备

告别时，孙权认为费祎品德美好，将来定为蜀国重臣而不能多来吴国与之相见，恋恋之情溢于言表。

从吴国出访回来，费祎就被升为侍中。诸葛亮北进汉中时，请费祎为参军。后来，费祎又奉命多次出使东吴，也都圆满地完成任务。

建兴八年(230)，费祎转任中护军，后来又任司马。当时军师魏延与长史杨仪不和，每当他们坐在一起争论，魏延就举刀对着杨仪比划，杨仪则涕泪交集。多亏费祎从中规劝，并坐在中间将他们分开。诸葛亮在世时，魏延和杨仪之所以能各尽其用，完全是费祎从中周旋、匡正补救的结果。诸葛亮去世以后，费祎任后军师，不久代替蒋琬任尚书令。蒋琬从汉中回到涪县后，费祎升任大将军、录尚书事。

蒋琬逝世以后，费祎就挑起了丞相这副重担。费祎总理军政大权，依然承继诸葛丞相遗训，对内治国安民，对外北伐以求实现统一。延熙七年(244)，曹魏军队驻扎在兴势山，后主授与费祎符节，命他率领人马前往抗击。前来送别的光禄大夫来敏要求和费祎下棋。而这时，军事文书交相传递，兵士都已穿上战甲，车马都已准备完毕，而费祎却与来敏安然对弈，面色全无厌倦的样子。来敏说费祎临危不惧，是位能干之人，贼寇必能被平定。

延熙十一年(248)，费祎出兵进驻汉中。他和蒋琬一样，虽然人在外地，但朝廷有何庆贺赏赐、惩恶扬威的事，都要先通过他的询问决断，方可施行。

延熙十六年(253)初，蜀汉大聚会，曹魏投降过来的人郭循也在座。酒宴上，因高兴而大饮的费祎酩酊大醉，郭循乘此机会突然举剑刺向费祎，身为丞相的费祎就这样不明不白地死于非命。谥号"敬侯"。

陆　逊

陆逊(183 – 245)，吴大帝时丞相。字伯言，吴郡吴县人。江南士族出身，孙策的女婿。先因功封华亭侯，后任大都督。吴赤乌七年(244)，接替顾雍出任丞相，两年后卒于相位。谥号"昭侯"。陆逊善于谋略，对巩固东吴统治，安定江南，促进这一地区社会经济的发展有一定作用。

平匪立功　初仕幕僚

陆逊出生于东汉末年，在他很小的时候，父亲就死了，于是他就跟着堂祖父庐江太守陆康一起生活。后因陆康与袁术有仇，陆康叫陆逊和亲属回到了老家吴县。

陆姓是江东大族，这也为陆逊后来步入仕途提供了条件、创造了机会。

建安九年(204)，孙权做东汉的将军，21岁的陆逊任孙权的幕府官，先后做过东西曹令史，又出任海昌(今浙江海宁西南)屯田都尉，并兼管海昌县事。当时，海昌县连年大旱，陆逊开仓放粮救济百姓平民，勉励和督促他们纺耕生产，使百姓受益颇多。

当时，吴、会稽、丹阳三郡的匪盗十分猖狂，陆逊征募当地百姓，剿灭了几股恶行昭著的山贼，地方才得以安宁。孙权见他的指挥才能十分突出，就任命他为定威校尉，驻军利浦。孙权还把他哥哥孙策的女儿许配给陆逊。在许多当前大事问题上多次征求陆逊意见。陆逊建议说：军队是战胜敌人、平定叛乱的必要保障。而山越盗匪凭借深山险要之地，长期作恶，内部不能安定，就无法向外发展。应该大规模部署军队，捕取山贼中的精锐，孙权采纳了他的建议，任他做帐下右部督。

陆逊刚刚上任，丹阳匪首费栈接受曹操委任，煽动山越为曹操作内应，陆逊受到孙权之命讨伐费栈。费栈党羽极多，而陆逊兵力很少，陆逊面对敌众我寡的战局，命令多插些旌旗，各处布置鼓角，晚上潜入山谷间，擂鼓呐喊，向前推进，匪兵很快溃散。不久，新都会稽两郡的山贼也被处置。于是，陆逊将山贼中强壮的当兵，羸弱的补充民户，充实三郡人口。征得几万清兵之后，陆逊回兵驻扎芜湖。就在这时，会稽太守淳于式上表指责陆逊非法掠取百姓，骚扰地方。陆逊并不以此为意，在京城晋见到孙权时还对淳于式进行了称赞。孙权为此十分感动，认为他是厚道之人。

智取荆州　火烧连营

建安二十四年(219)，吕蒙因病调回京城。向孙权推荐陆逊来代替自己对峙镇守荆州的关羽。吕蒙认为：陆逊深谋远虑，且现在名气不大，不足使关羽畏惧，以致可以暗中观察形势，寻找时机夺取荆州。于是孙权任命陆逊为偏将军右部督，代替吕蒙。

陆逊来到陆口，立即给关羽写信，言辞谦恭，对关羽大加吹捧。关羽看了陆逊的书信，果然把精力全部用在对付曹军上，对陆逊不再有所防备。

于是，孙权就暗中向西派兵，命陆逊和吕蒙为先锋，很快攻下公安、南郡。陆逊直接进军，攻下宜都，致使各城及蛮夷纷纷归顺投降。陆逊又受命对其授与官职。关羽立刻陷入腹背受敌的境地。不久关羽兵败麦城，在突围途中，被吴军擒

陆逊

中国宰相传

吕 蒙

获，后遭杀害。陆逊击败詹晏、邓辅、郭睦，招降文布，前后斩杀、擒获、投降的人总共有数万。孙权晋用陆逊为右护军、镇西将军，提升封号为娄侯。

关羽被害，荆州丢失的消息传来，刘备十分悲痛，发誓要消灭东吴，为关羽报仇。他不顾诸葛亮的反对，带领蜀汉全国的大部分人马，对东吴发动了大规模战争。

孙权得报后，几次派人求和。均遭到刘备拒绝。这时候东吴的大将鲁肃、吕蒙、周瑜等都早已去世了，孙权只得任命年轻的镇西将军陆逊为大都督，赐尚方宝剑，统率朱然、徐盛、韩当、孙桓等5万人马去抵抗刘备。

起初陆逊为避刘备军队之锋芒，坚守营寨，闭门不出。对蜀军的挑战也置之不理。他的手下的将士纷纷请求出战，且不服从其命令。无奈之下，陆逊只好用尚方宝剑进行威吓，才使将士不敢轻举妄动。这样，双方僵持了半年之久。刘备设计命令吴班带着1万多老弱兵士，到靠近吴军的地方去扎营，并挑衅吴军，自己率领8000精兵，在山谷里埋伏起来。吴班领士兵不断辱骂吴军，并以此引诱吴军进攻。十分气愤的吴军将领再次请求出战。面对蜀军的侮辱与谩骂，陆逊不慌不忙，他沉着冷静，命令吴军照旧坚守阵地，不要理睬蜀军的挑战。又过了几天，刘备知道自己的诱敌之计已经被陆逊识破，只好从山谷里撤出伏兵。

时值盛夏，暑气逼人，为了躲避酷暑，刘备只得让水军离船上岸，和陆军一起靠着溪沟山涧、树林茂密的地方，扎下互相连接的40多座军营，以便等到秋凉后再向吴军大举进攻。陆逊看到蜀军士气低落，认为是进行反攻的最好时机。他仔细周密地拟定了破蜀的作战方案，并得到了孙权的允许。

为了增加胜利的把握，陆逊先以一小部分兵力对蜀军的营寨进行试探性进攻，虽然失利了，但陆逊也找到了破敌之法。陆逊命令水路士兵用船只装载茅草，迅速运到指定地点，而陆路士兵则每人手拿一把茅草，在茅草里藏着硫磺、硝石等引火物，一到蜀营，就顺风纵火。蜀军因毫无防备，在吴军的火攻之下，顿时乱作一团。各路吴军乘着大火发起反攻，蜀军的40多座营寨全部被攻破。蜀将张南、冯习等皆被杀死。刘备突围逃到白帝城一病不起，不久病故白帝城。

屡败曹魏　任相安民

黄龙元年(229)，孙权称帝，立都建业(今南京)。陆逊被封为上大将军、右都护。

黄武七年(228)，孙权让鄱阳太守周鲂诱骗魏国大司马曹休兴兵进入皖县(今安徽潜山)。孙权立即召见陆逊，假授黄钺，任大都督，迎击曹休。曹休已经觉察实情，深感羞耻，仗着兵强马壮同吴军交战。陆逊亲自率军充当主力，命令朱桓、全琮为左右两翼，三路一同推进，大败曹休的伏兵，并追击溃逃的魏军，大获全胜。回到魏国的曹休，背生毒疮而死。

嘉禾五年(236)，孙权北上征讨曹魏，让陆逊和诸葛瑾攻打襄阳。陆逊到了白围后，暗中派将军周峻、张梁等袭击魏国并攻下江夏郡的新市、安陆、石阳。陆逊下令保护俘虏，严禁兵士干扰侵侮。陆逊此举得到邻县的感动，江夏功曹赵濯、戈阳备将裴生和夷王梅颐等都率众归附他。

打败曹魏后，陆逊受到孙权极高的礼遇，让他辅佐太子，并负责荆州、豫章、鄱阳、庐陵的一切事务。

陆逊虽身在京师以外，但一心想着国事。他在上书时事时谋划进取，对小罪则施恩宽免，以安定臣民的情绪。用人要用贤能，但也不求全责备。

陆逊根据当时的形势，主张鼓励农民从事农业生产和纺织，宽缓百姓的租赋，安抚百姓，积蓄力量以图大业。他反对连年征战。他反复劝阻孙权派兵攻取夷州、朱崖。但孙权不听，结果得不偿失。后来，在陆逊的劝阻下，孙权放弃了对背弃盟约的公孙渊的征讨。

赤乌七年(244)，62岁的陆逊接替顾雍担任第三任丞相积极推行富民强国的政策。他认为，国家以民众为根本，国家的强大凭借的是民众的力量，国家的财富来自于民众的生产，所以要关心民众的疾苦。

陆逊还有一个突出的治国政绩，那就是他惩治权宦，反对任用子弟为官。当时，太子孙和的东宫和鲁王孙霸的鲁王宫各立门户，宫廷内外的职务多半派官宦子弟担任。陆逊为阻止矛盾激化费尽了心思仍毫无作用。当他听说要废太子的议论，马上上疏陈述："太子是正统，应该有磐石一样坚固的地位；鲁王是藩臣，应该使他所受的恩荣官秩与太子有等级之分，彼此各得其所，上下得以相安无事。臣恭谨地叩头流血把这意见报告给您。"他就此事上书三四次，孙权都没有同意。正在这时，陆逊的外甥顾谭、顾承和姚信都因亲附太子而含冤被流放。太子太傅吾粲因屡次同陆逊通信，下狱死去。陆逊也因此受到孙权的责备警告。赤乌八年(245)，63岁的陆逊最终因愤恨而去世。

贾 充

贾充(217－282)，晋武帝时尚书令、侍中。字公闾。平阳襄陵(今河南睢县)人。贾充善于谄谀，弑杀魏主，拥立司马炎，深受武帝宠信并得以善终。

弑杀魏主　忠心司马

　　贾充的父亲贾逵在曹魏时期任豫州刺史、阳里亭侯。贾逵晚年得贾充，对他充满希望。但不幸的是在贾充很小的时候，父母就去世。贾充因守丧尽孝闻名于世。不久，贾充袭父爵为侯，任魏尚书郎、典定科令，兼度支考课。贾充依章办事，工作很有实效，先后被任命为黄门侍郎、汲郡典农中郎将，参与大将军的工作，被司马氏视为心腹。

　　曹魏后期，大权逐渐旁落，司马氏势力逐渐强大，引起曹魏政权的严重不满和反对。正元二年(255)正月，镇东将军、都督扬州诸军事的毌丘俭与前将军扬州刺史文钦，假称受皇太后诏令的名义，发布声讨司马师的檄文，并自寿春起兵，率领5万军队，渡过淮河占领项城。

　　贾充以参大将军军事的身份，跟随司马师率大军讨伐毌丘俭和文钦。在战争的最后阶段，司马师在前线因病情加重　而返回许昌，贾充留在前线实际成为总指挥。在贾充的指挥下，大败毌丘俭，将其斩杀，夷灭了其三族。

　　几天后司马师便病死于许昌，其弟司马昭继兄擅政。执掌朝政的司马昭担心各地主镇不服从自己，便派贾充去见诸葛诞，假装与他商量征伐东吴的事，实际上是让贾充观察一下诸葛诞对司马昭执政的态度。贾充在谈论时事时提到禅代的问题，诸葛诞大怒，不仅斥责了贾充，还声称若洛阳有变定不会不管。贾充返回后，把情况报告司马昭，并建议尽快征讨诸葛诞。后来诸葛诞果然发动了反对司马氏的战争，但在贾充的参谋下，司马昭很快就打败了诸葛诞，贾充因此晋爵宣阳乡侯，增邑1000户，升为廷尉，不久又转任中护军。

　　甘露五年(260)，傀儡皇帝曹髦因为不甘受人摆布，于是亲自带领宫中宿卫数百前往相府讨伐司马昭。行至南阙，遭到中护军贾充统领的禁卫军的狙击。禁卫军害怕与皇帝厮杀而遭到杀身之祸而退后不敢向前。太子舍人成济急问贾充怎么办？贾充回答很干脆："司马公豢养你们，为的就是今天，还犹豫什么！"成济领命，手持兵刃杀死曹髦。贾充指使手下杀死魏帝，为司马氏代魏立了一大功。后来有朝臣提出杀贾充以谢天下，司马昭却只把成济当成替罪羊，夷灭了成济全族，而贾充却被封为安阳乡侯。

　　景元四年五月，司马昭派邓艾、诸葛绪、钟会伐蜀。钟会在进军途中，向司马昭密报邓艾有谋反迹象，这一信息无疑对司马昭是很大的压力。次年正月，司马昭为防万一，一方面指示钟会从速进军成都，另一方面派出最可信赖的贾充，率领精锐的步骑一万余众，火速经过

钟　会

中国宰相传

斜谷道占据汉中，以观动静进入成都。为了稳妥起见，司马昭还挟持曹奂一同进入长安坐镇指挥。

进攻成都前，钟会的兵力已超过邓艾五六倍。贾充不放心钟会单独行动而报告给司马昭。司马昭心中自有自己的一番打算，利用邓艾、钟会之间的矛盾，使他们互相牵制。果然，钟会、邓艾进入成都以后，经过彼此之间的一番争斗，双双都先后死去。

劝立储君　位高权重

贾充不仅文笔出众，而且善于观察并迎合圣意。司马昭曾将次子司马攸过继给兄长司马师为子，他始终认为，天下是兄长司马师的天下，自己不过是因兄事成，所以也就有了打算立司马攸为世子的打算。

一般认为，将来定是司马攸继承司马昭之位了。善于经营、贪鄙的贾充，当然知道未来的晋王司马攸对其后半生升官发财、荣华富贵的价值。经过一番认真的盘算，便将自己前妻李氏所生的长女贾褒（一名荃）嫁给了司马攸，成为以后的齐王妃。

不料，后来贾充认为，废长立幼，有违礼制，因此力劝司马昭立长子司马炎，司马昭这才将司马炎立为世子。当司马昭卧病在床时，司马炎请问后事。司马昭对他说了解你的人是贾充，有事问他就可以了。司马炎即王位后，拜贾充为晋国卫将军、仪同三司、给事中，改封临颍侯。

魏咸熙二年(265)十二月十七日，司马炎即皇帝位，国号为晋，改年号为泰始。晋武帝司马炎代魏建晋后，认为曹魏迅速灭亡是没有分封诸王的原因，所以他一下子就封了27个人为同姓王，其中司马攸被封为齐王。

贾充以功高任车骑将军、散骑常侍、尚书仆射，更封鲁郡公；贾母柳氏为鲁国太夫人。

联姻皇亲　排斥异己

贾充为人奸诈，在受宠期间与侍中荀勖、越骑校尉冯统等互相结为朋党，专以谄媚取悦于人，激起了朝野不少刚直之士的厌恶和不满。武帝询问侍中裴楷当时政治上的得失。裴楷回答说："陛下承受天命，四海百姓心悦诚服，只是还有贾充等人的存在才不能与尧、舜之时相比。应当任用天下贤人，同他们一起推广德政，不应当给人以徇私情的印象。"经常能同皇帝接近的侍中任恺、中书令庚纯都同贾充不和，贾充也想解除这些皇帝亲信的职务。

泰始七年(271)，西北地区的鲜卑族反叛，武帝深感忧虑。任恺建议派遣既有威望又有才智的重臣前往征伐。武帝问："谁能胜任？"任恺借此机会推荐贾充，庾纯也深表赞同。武帝乃下诏贾充都督秦、凉二州诸军事，仍兼侍中、车骑将军职务。朝廷中厌恶贾充的大臣都为这一决定而感到庆幸。可是，贾充却认为自己一旦离京就会失去权势，心中既恨任恺、庾纯两人，又不能抗旨不遵，就私下向荀勖请教。侍中荀勖就献计让贾充将女儿嫁给太子，这样不仅可以推脱掉西征，还可以使权势得以保全。

此时的贾充已经看出了晋武帝对齐王不断排挤。为了不因齐王的失宠而影响自己的政治地位，同时也为了能留在京城，便将自己后妻郭槐所生的女儿贾南风嫁给了晋武帝的皇太子司马衷。司马衷的痴傻天下皆知，而贾充此时也无法顾及太多了。

当初，武帝准备聘卫瓘的女儿为太子妃，贾充的妻子郭槐贿赂杨皇后身旁的亲信，请杨皇后劝说武帝聘自己的女儿。于是在皇后的奉劝、荀勖等人的吹捧下，武帝决定与贾充联姻。当时又恰逢京城下大雪，军队不能出发，贾充继续留在了京城任职。

贾妃和皇太子成婚后，贾充任司空、侍中、尚书令，与侍中任恺一同辅政。贾充既恨任恺，又想排挤他以独揽朝政，于是二人的矛盾便突出起来。一时间，朝廷大臣各有所附，形成对立的两派。贾充、荀勖等为一派，任恺、庾纯、张华、向秀、和峤等为另一派。两派对立，相互攻击使朝政一片混乱。

狡诈的贾充，故意举荐任恺为吏部尚书，使其觐见武帝的机会逐渐减少，然后与荀勖一起乘机在武帝面前共进谗言，终于废黜了任恺，除掉了一个心腹之患。

力阻伐吴　　惭愧谢罪

平灭东吴，统一中国一直是司马炎面临的重大任务。一开始筹划这个问题在朝廷内部就分成主战和反战的两个完全对立的派别。颇有见识、为官刚直的羊祜、张华、杜预为代表的一派，力主平吴统一全国；结党营私、为官贪鄙的贾充、荀勖、

山涛等人，出于自己的利益而力阻武帝伐吴。

将军羊祜镇兵襄阳，与吴将陆抗相对峙。他以平灭吴国为目标，用德政来收买东吴的人心，为统一事业做了很好的思想准备。主战派益州刺史王濬，为使伐吴能从水路顺江东下，制造了不少大船。

羊祜病逝，晋武帝便以杜预继羊祜为镇南大将军都督荆州诸军事，继续在长江上游准备平吴工作。

3年之后，王濬、杜预又相继上表请求伐吴，据理力争，言辞恳切，又得到了张华的竭力支持，武帝终于

羊　祜

下定决心伐吴。直到此时，贾充、荀勖唯恐伐吴胜利，自己没有任何功劳，还在顽固地反对伐吴，结果惹怒了武帝，贾充才不得不磕头谢罪。

咸宁五年(279)，晋武帝发兵20余万，兵分六路，向吴发动进攻。武帝任命贾充为使持节、大都督，担任六军统帅。贾充竟然还坚持他的态度，一直陈述伐吴的不利之处，又以年老为借口，不愿出征，致使武帝更加恼怒。贾充不敢再违抗命令，只得勉强接受了任命。

晋军攻克武昌以后，统帅贾充又企图阻挠进军，要求撤兵，还要求腰斩张华以谢天下，但被武帝拒绝了。东吴平定以后，一向坚决反对伐吴的贾充又惭愧又惧怕，主动向武帝谢罪。武帝非但没有追究，反而以其在灭吴中功劳最大，对他及子弟大加赏赐。

太康三年(282)四月，贾充病死，被追赠为太宰。

杨　　骏

杨骏(? — 291)，武帝、惠帝时太傅。字文长。弘农华阴(今陕西华阴)人。杨骏是晋武帝皇后杨芷的父亲，曾任车骑将军，后官至太傅、大都督。杨骏凭借外戚身份把持朝政，排斥异己，陷害忠良，又无德无才，难免会落个身死族灭的下场。

因女得志　广树政敌

司马衷是一个白痴，但他9岁时以是司马炎长子的优势被立为皇太子，司马炎也担心他的才智不能继承皇位而统治天下，于是征求了司马衷的生母杨艳皇后的意见。杨皇后搬出"立子以长不以贤"的古训阻止废立。当时杨皇后因重病在身，晋武帝正宠爱着胡贵妃，她又是镇军大将军胡奋的女儿。杨皇后想自己一死，很可能立胡贵妃为皇后，这是非常不利于司马衷继位的事情。泰始十年(274)七月，杨皇后病危弥留之际，向晋武帝哭诉，让其叔父杨骏19岁的女儿杨芷继为皇后。晋武帝当时心情也很激动，便流着眼泪答应下来了。

杨骏也因杨芷被立为皇后而得宠，由镇军将军晋升为车骑将军，封爵为临晋侯。尚书郭奕等人均以杨骏才能有限不能任此职务而上奏武帝，但这些忠告都未被晋武帝所采纳。

从此身为侍中、车骑将军的杨骏，出于独揽政权的野心，便采取各种手段树

晋武帝司马炎

立亲党，结帮营私。他倚仗皇后父亲的特殊身份，日益骄横，也逐渐引起了朝臣的不满，树立了许多政敌。

晋武帝司马炎自太康年间，全国统一，社会安定，人口大增，生产发展，加之文人学士争相歌功颂德，出现了所谓的"太康盛世"。他也被胜利冲昏了头脑，以为天下太平无事，便渐渐荒于朝政，沉湎于酒色之中。

晋武帝生活日趋荒淫，仅后宫美女就超过万人。太康十年，54岁的晋武帝，由于多年来的荒淫作乐，沉溺女色，抱病在床，一病不起。杨骏借口皇上要清静疗养，不允许其他大臣进宫探望，企图矫诏晋武帝死后由他一人来辅政。同时，他还让晋武帝下令留在洛阳的各个封王都返回自己的封地。

晋武帝在弥留之际，下诏书让汝南王司马亮与杨骏共同辅政。杨骏闻言，深恐这位经验老到的皇族与自己争权，于是设计从中书省骗取并烧毁了这道诏书。不久，武帝驾崩。杨皇后口头宣布遗诏，任命杨骏为太傅、都督中外诸军事、侍中、录尚书事，从而使杨骏掌握了一切军政大权；与之同时，急催汝南王司马亮外出许昌任职。晋武帝出殡时，六宫都出去拜辞，只有杨骏没有下殿。杨骏逐渐显露出了野心。

两党争权　机关算尽

晋武帝死后，太子司马衷继位，是为晋惠帝，改元永熙。杨骏一下子就升为太傅、大都督、假黄钺。贾南风当了皇后，比她小两岁的杨芷成了皇太后。晋惠帝无能，杨骏便控制了军政大权。而贾南风皇后也一心想掌握军政大权，她和其他司马氏皇族成员，以及杨骏的政敌结成反杨死党，与杨骏展开殊死的争权斗争。从此，西晋王朝统治阶级内部的斗争日趋激烈。

杨骏飞扬跋扈，重用自己亲信之人，处理军政大事时，独断专行。他的弟弟杨珧、杨济多次劝他收敛，但他根本不听。他给所有官员都晋升一级以示讨好，谁知官员们并不领情，反而认为他无端为人授禄，是大逆不道的行为，对杨骏的指责不绝于耳。

更令杨骏害怕的是贾皇后对权力的欲望，于是任命外甥段广担任散骑常侍，主管机密；任用另一个外甥张劭为中护军，统领禁卫军，把中央的文武实权都掌握在自己心腹的手中，以防万无一失。此时，不甘失败的贾后也开始了对朝政的争夺，首先她从对杨骏不满的大臣入手，纠合殿中中郎孟观、李肇，以及他们的亲信董猛等人，私下制定了杀杨骏、废太后的计划，制造杨骏即将谋反的舆论。紧接着永平元年(291)初，贾后派李肇到各地藩王那里去联络，要他们起来共图大事。汝南王司马亮因胆小而未敢行动。李肇于是又找到都督荆州诸军事的楚王玮。司马玮年仅21岁，胆量过人，听说要杀杨骏，立刻表示赞同，还写了一个请求调回京城的奏章。

接到奏章的杨骏认为楚王玮虽然年轻，但是将才，让他在外手握重兵，毕竟对自己是一个严重的威胁，不如调回洛阳便以控制，因此，一口便答应楚王玮入朝洛阳。二月，楚王玮又联络其兄弟——都督扬州诸军事的淮南王允共同起事。很快，淮南王允也回到了洛阳。

第二年春，司马玮兵至洛阳，贾后乘机宣告杨骏谋反，并命令司马玮进攻杨骏。大敌当前，杨骏好谋无断、外刚内怯的本性立即暴露无疑。当时太傅主簿朱振建议烧云龙门来示威，索要造事者的首级；打开万春门，让杨骏亲自带东宫及外营兵入宫取奸人，斩贾后，这样就可避免灾难。杨骏却认为龙门花费颇巨，烧了太可惜。大家见杨骏如此弱智，顿做鸟兽散。司马玮很快就攻破了杨府，除了杨骏，府上几乎被杀光。搜索时，士兵们发现马厩的草堆在瑟瑟发抖，就用戟往里乱刺，几声惨叫过后，士兵们拨开草堆一看，死在里面的正是白天还飞扬跋扈的杨太傅。随后，贾皇后又传旨将杨骏三族全部夷灭。

司 马 伦

司马伦(? - 301)，晋惠帝时相国。字子彝。魏嘉平元年(249)，受封安乐亭侯。晋朝建立后，改封东安子、琅玡郡王、赵王，任谏议大夫、右军将军。司马伦辅佐司马炎和司马衷两朝，长达36年之久。司马伦权倾一时，独掌朝政，导致群臣的不满，三王讨伐，最终身败名裂。

谋害太子 废黜皇后

司马伦和晋武帝司马炎是同父异母兄弟，司马懿最小的儿子，其母柏夫人。司马伦在晋武帝司马炎登基后被封为琅琊郡王。司马伦的散骑将刘缉窃御裘，司马伦本应治罪，司马炎不顾群臣的纳谏，赦免弟弟无罪，并且还委以重任，任东中郎将、宣武将军。后来，司马伦改封为赵王，调任平北将军，都邺城守事，升安北将军。

元康初年(291)，司马伦调任征西将军、开府仪同三司，镇守关中。在此期间，司马伦赏罚不均，以致氐、羌等族反叛，被征回京师。不久，又任东骑将军、太子太傅。他广结党羽，极力讨好贾、郭两大氏族，由此得到贾太后的信赖。司马伦曾要求担任录尚书事，张华、裴颜坚决不同意。他又要求当尚书令，张、裴二人仍然不允许。

贾后废掉愍怀太子后，任司马伦为右军将军。当时，左卫督司马雅及常从督许超一起侍卫东宫。两人感伤太子无罪，与殿中中郎士猗谋划废除贾后，恢复太子。他们认为张华与裴颜难以共谋，只能借助执有兵权的司马伦才行。他们游说司马伦的红人孙秀并以外界谣传孙秀与司马伦二人也参与了废太子之事来要挟。孙秀将此事告诉了司马伦，司马伦也想趁机夺权，司马雅和许超的计划正合其意，他们便内引外连准备行动。老谋深算的孙秀认为太子聪明，如果一旦返还东宫，定会和贤人图政，自己也不会得志。于是他又劝司马伦暂缓行动，时间一久，贾后必害太子。到那时，再以替太子报仇为借口杀贾后，此乃一箭双雕之计。于是，司马伦听从孙秀的主意。孙秀不慎泄露了他们的计谋，贾谧等人听说了，司马伦、孙秀劝贾谧等早害太子，以绝众望。

不久，太子果然遇害，司马伦和孙秀更加肆无忌惮地策划他们的阴谋。此时，许超、司马雅害怕起来，后悔参与了阴谋，便称病在家。孙秀告诉右卫次飞督闾和，闾和听从孙秀约定，四月三日夜，以鼓声为应，到时候，假传诏书给三部司马说："中宫与贾谧等杀我的太子，现在派车骑入废中宫，你等皆当从命，赐爵关内侯。如若不从，诛灭三族。"于是大家都顺从了。司马伦又传假诏夜开宫门，率兵进入宫中。华林让骆休作内应，迎接皇帝到东堂。于是废贾后为庶人，幽禁在建始殿。将吴太妃、赵粲及韩寿妻贾午等逮捕并拷问，下诏尚书处理废后之事，收捕贾谧等。召中书监、侍中、黄门侍郎、八坐连夜入殿，在殿前杀死张华、裴颜、解结、杜斌等人。尚书开始怀疑诏书有诈，司马伦又将其斩杀。次日，司马伦坐在端门，屯兵北向，派尚书和郁持节送贾庶人到金墉，杀赵粲叔父中护军赵浚及散骑侍郎韩豫等，又黜免许多人。

不久，司马伦矫诏自封为使持节，大都督督中外诸军事，相国、侍中、赵王如故，如同司马昭辅佐魏帝一样。并大封诸子为王侯，孙秀等也得封大郡，掌握军权。

废帝自立　自掘坟墓

废黜贾后，晋惠帝给司马伦加九锡，增封5万户。司马伦于是假装表示推辞，晋惠帝又下诏派百官到司马伦府上敦劝，侍中宣布诏书，然后司马伦接受增封。此时的司马伦大权在握，他任命几个儿子担任禁卫军高官，以此来控制禁军，挟天子以令诸侯，左右天下局势。孙秀也被提拔为侍中、辅国将军、相国司马等职。司马伦、孙秀广结朋党，视朝廷律令于不顾。

司马伦、孙秀都迷信巫鬼，听信妖邪之说。孙秀又指使人假传司马懿让司马伦早入西宫的神语。又说逆谋可以成功，以太子詹事裴劭、左军将军卞粹等20人为从事中郎，掾属又有20人。孙秀让散骑常侍、义阳王司马威兼侍中，出纳诏命，假作禅让诏令，指使使持节、尚书令满奋、仆射崔随为副，奉皇帝玺绶来禅位给司马伦。开始，司马伦推脱不受，后来在宗室诸王、公卿大臣的劝说下才答应了。左卫王舆和前军司马雅等率领甲士入殿威胁，百姓都不敢表示异议。当天夜里，司马伦派张林等屯守各门，义阳王司马威和骆休等逼夺天子玺绶。天还没亮，内外百官都乘车迎驾司马伦。晋惠帝乘车逃往金墉城。

司马伦一即位，立即把他的同党，不论是文官武将、侍从士兵统统都封了官职，就连秀才、孝廉也不用考试，直接为吏。一时间官吏之多，不可胜数。以致用狗尾替貂尾来装饰官帽。与此同时，现有的金银不够用来铸造官印，便又出现了白版之侯。

司马伦的所作所为引起了各地诸王的不满。当时，齐王司马冏、河间王司马颙、成都王司马颖都拥有强兵，各据一方。孙秀为防止他们发生兵变，于是选派亲党和司马伦的老部下作为三王参佐及郡守。

但是，三王开始起兵讨伐司马伦了，并向各地发布了檄文。司马伦、孙秀很害怕，先后派他们的心腹孙辅、李严、张泓等率兵抵抗三王，但都以失败而告终。

自从三王讨伐司马伦开始，百官将士都想杀司马伦、孙秀以谢天下。孙秀知道众怒难犯，不敢出省。他所倚仗的河北军战败的消息传来，更令他惶恐不安。司马威劝孙秀到尚书省与八坐讨论征战的准备工作，孙秀听从。内外诸军都想劫杀孙秀，司马威很害怕，从崇礼小门回到下舍。许超、士猗、孙会等军师与孙秀谋划，还没得结果，王舆就反了，率营兵700多人从南掖门攻入，命令宫中兵各守卫诸门，三部司马为内应，王舆亲自攻取孙秀，孙秀紧闭中书南门。王舆下令烧房，孙秀众人才走出并被斩杀。

王舆屯兵云龙门，让司马伦下诏："吾被孙秀等所误，以怒三王，现在已经迎太子复位。"同时，将司马伦遣回汝阳住所，甲士数千人迎天子于金墉，百姓均喊万岁。晋惠帝从端门进入室中，送司马伦等人到金墉城。梁王司马肜表奏司马伦父子凶逆，应该诛杀，百官在朝堂举行会议，都同意司马肜的意见。他们派尚书袁敞持节赐司马伦饮金屑苦酒死。司马伦死前深感惭愧，用巾盖脸说："孙秀误我！孙秀误我！"司马伦的几个儿子也被诛杀。

王　戎

　　王戎(234－305)，字濬冲，琅邪临沂县(今山东临沂北)人。父王浑，曾任凉州刺史，封贞陵亭侯。王戎在惠帝时，历任河东郡太守、荆州刺史、豫州刺史、侍中、光禄勋、吏部尚书、中书令、尚书左仆射、司徒等高级官职。谥号"元"。为"竹林七贤"之一。

少有才名　识人之慧

　　王戎在小时候就十分聪明，并有不同凡人之处。他可以用眼睛盯着看太阳而不感到眩晕。裴楷将其目光比作闪电。王戎六七岁的时候，独自到宣武场看表演，猛兽在槛内吼震，大家都被吓得边叫边逃，王戎却站立不动，神色镇定自若。王戎曾和一群小伙伴在道边玩耍，路边李树上果实累累，别的孩子都争着去摘，唯独王戎不为所动。有人问他为什么不去摘？王戎笑道："树长在道边而又多果实，一定是苦李。"摘下来一尝，李子果然又苦又涩。

　　阮籍是王戎父亲王浑的朋友，虽然长王戎20岁，却与他交往很密切。阮籍每次到王浑处，往往谈一会儿就过来看王戎，好久才出去。阮籍曾对王浑说："濬冲具有俊逸的风采，卓越的见识，这是你无法与他比的，跟你说话，不如和阿戎谈论。"王浑逝于凉州刺史任上，亲朋故友相赠的丧礼有几百万，但都被王戎婉言谢辞，为此受到世人称赞。

　　王戎形貌长得较短小，外表随意而不修边幅，却善于谈论，有着独到的见解。三月三日的上巳节，朝廷贤士到洛水之滨嬉游。过后，有人向王济询问昨天的言谈情况。王济说："裴颜议论古人言行，像流水行云，滔滔不绝，非常动听，张华善于谈说《史记》《汉书》，王戎则谈张子房、季札，玄理超然卓著。"王戎的清谈得到了人们的赏识。

　　钟会将出兵伐蜀，在与王戎告别时请他出点主意。王戎对他说："道家有句话，'能做到而不坚持'，说的是成功不难，而保持难。"后来钟会灭

王　戎

蜀后因谋反而被杀，人们想起王戎的话感到十分在理。

王浑死后，王戎便承袭了父亲贞陵亭侯的爵位，任相国掾，历任吏部黄门郎、散骑常侍、河东太守、荆州刺史。任职不久，王戎便派属吏为自己大修园林宅邸，这是应被免官的罪责，但皇帝还是宽待他，让他出钱赎罪。之后王戎被调迁为豫州刺史，加建威将军，受皇命征伐吴国。王戎攻克武昌，进临长江，收降江夏太守刘朗、孙述、孟泰等人，吴国平定以后，王戎因功被进爵为安丰县侯，增加食邑6000户，赠绢6000匹以示奖励。

王戎渡过长江，在新归顺的地方宣扬威望，施行恩惠。吴国原光禄勋石伟，为人耿直方正，但被吴末帝孙皓所不容，于是辞职回家了。王戎赞赏他的气节，上表推荐他。晋武帝下诏任命石伟为议郎，以二千石的秩禄终其一生。此事得到荆州人士的称赞。

晋惠帝继位以后，杨骏执政，官拜太子太傅。杨骏被杀以后，东安公司马繇又独自执掌刑罚赏赐之事。王戎曾告诫司马繇：大事发生后应远离是非才对。司马繇不听劝告，后被成都王司马颖所害。

王戎对人还有很精辟的见解，曾把山涛比作没经过雕琢的玉，没经加工的纯金，意思是知道其是宝，但不知具体是什么器具；他说王衍如同瑶林里的瑶树。高雅清丽，出类拔萃；说裴颜不善于利用自身的长处；荀勖善于使用他的短处；陈道宁的为人好似长绳捆竹竿。王戎的族弟王敦名望很高，但野心很大，后王敦果然发动了叛乱。

王戎有一子名王万，小的时候非常胖，王戎命令他吃糠，谁知反而更胖，19岁就死了。王戎有庶子王兴，但却很不喜欢。后以堂弟阳平太守王愔的儿子为嗣。

苟媚取容　贪财吝啬

王戎在任用选拔官吏时，都先要求他们从做地方官治理百姓做起，然后才能选升，这被王戎称为"甲午"。制度司录傅咸奏劾王戎，说："《尚书》中称'三年进行考绩，经过三次考绩，然后提升或者降职'。如今内外各官，任职还不满一年，王戎就奏闻让他回来，这样既无法考察他任职的优劣，又频繁地送故迎新，被调迁的官员往来于道路，各种投机弊端也趁机发生，如此以来，既伤害了农业又损伤了政风。王戎不遵古制，促成浮华的风气，败坏风俗。为端正风气，应免去其官职。"

傅咸句句在理，但由于王戎与晋惠帝贾皇后的父母亲贾充、郭槐有亲戚关系，因此王戎不但没有被削职，反被升为司徒。当时朝政日益腐败，王戎一心取媚朝廷，丝毫没有进取之心。到了废愍怀太子时，王戎也没提一句匡谏的意见。

裴颜是王戎的女婿，被赵王司马伦诛杀后，王戎因受牵连被免官。齐王司马冏起兵，孙秀录用王戎于洛阳城内。晋惠帝返回皇宫后，任命王戎为尚书令。不久，河间王司马颙联合成都王司马颖要诛杀司马冏。檄文到达后，司马冏要王戎替他想办法，王戎劝司马冏弃位还第，退让一下，这才是安全之策。司马冏的谋臣愤怒地说："汉魏以来，王公回到府第，难道有能保住妻子的吗？提出此主意的人应当杀。"百官皆惊恐害怕，王戎则伪装药力发作跌倒在厕所内，才得以免祸。

王戎认为自己无力平息晋室内部的争乱，他仰慕春秋时蘧伯玉的为人，随着时事伸缩，缺乏正直敢言的节气。王戎自从负责官员的选拔任用，既没有推举过出身贫寒人士，也没有辞退过徒有虚名者，只是随着时俗浮沉，在士族中甄选而已。他在任司徒时，总是将政务交给僚属来办，自己却骑着小马，从便门出去游玩。

王戎生性贪利，他利用职权，在全国各处广置田园；各处的钱财多得没数，还亲自拿着象牙做的计算筹码白天黑夜地计算，从来不感到满足。王戎同时又极其吝啬，女儿出嫁时曾借过他几万钱。女儿回家时，王戎满脸不高兴，直到女儿还上了钱，他才露出了笑脸。侄子要结婚，王戎给了一件单衣，结完婚后便催着让还了回来。王戎家中种有李树，品种很好，他经常让人拿到集市上卖。但他却将李子核都钻上了洞，以免被别人得了种子。

王戎在母亲去世守丧中显得特别孝顺，但不拘礼制的形式，虽是居丧，饮酒吃肉，观看下棋，一切照旧，而容貌却日益憔悴以致要拄杖才能起来。

后来，王戎跟随惠帝北伐，在荡阴吃了败仗，王戎到了邺城，以后随惠帝回洛阳。惠帝向西逃路，王戎则逃到郏县。在危难之际，王戎亲自上阵交锋，谈笑自若，没有胆怯之色。局势稳定后，王戎又常常和朋友亲戚整日娱乐。永兴二年(305)王戎死于郏县，时年72岁，谥为"元"。

王　　导

王导(276－339)，元帝时丞相。字茂弘，琅邪临沂(今山东临沂北)人。王导出身士族。其祖父王览，官拜光禄大夫；父王裁，曾任镇军司马。王导历任骠骑大将军、侍中、司空、司徒、丞相等职。谥号"文献"。王导一生经历元帝、明帝、成帝三朝，位高权重，忠心为国，尽智尽力。

辅佐亲王　大治江南

王导风流倜傥，识量清远，在少年时就小有名声。王导的堂兄王敦有一个好友，名叫张公，他素以清高识人闻名。王导14岁时，张公就断言他是将相的才器。

王导成年后，袭祖爵为官。不久，司空刘寔引荐他为东阁祭酒，迁秘书郎、太子舍人、尚书郎，但他都没有上任。后来参东海王司马越军事。

西晋末年，统治者荒淫腐败，朝政日益黑暗，"八王之乱"中最后一个卷入的东海王司马越还是比较有头脑的。他的封地在长江下游一带，相对中原来讲，破坏较轻。他占据的封地可进可守，可以作为称霸天下的根据地。司马越派司马睿镇守下邳。

也就在这期间，王导与司马睿相识了。他们二人一见如故，相交甚欢。王导见天下大乱，晋室衰微，就倾心辅佐司马睿，暗中有复兴晋室的志向。司马睿在洛阳时，请王导任安东司马，参与军事机密和决策。王导尽职尽责，保守机密，献计献策。

不久，司马睿迁镇至建康，但是过了一个多月，无论士族还是庶人都没有来拜见他的，王导认为这是因为司马睿的声望还不够高的原因。于是，王导便认为抬高司马睿的地位，树立其政治威信是眼前最重要的事情。

一次恰好王敦来访，王导便把心中的烦恼诉说出来。两人经过一番商议，终于想出了一个计谋。农历三月初三是江南人的传统的上巳节日。这一天，按民间风俗，不分男女老幼，都要到附近的河畔水滨去祭祀，祈祷风调雨顺，有个好年成。建康城里，王导、王敦带领一大群北方南下的士族簇拥着司马睿在城中穿行，司马睿相貌堂堂，神态安祥，引起了江南士族顾荣、纪瞻等人的惊奇。他们被王导这帮北方士族恭谨的态度和司马睿的风采所打动，于是异口同声地说："此人可以投奔。"司马睿从此名声大振。

顾荣、纪瞻是江南名士中最著名的人物。王导又以司马睿的名义以厚重的礼物登门拜访顾荣、纪瞻等江南士族大户，请他们出来做官，他们满口应允。顾荣还向司马睿推荐了不少江南名士，南北士族终于形成了一个大联合集团。于是，司马睿便在江南站稳了脚。

王导还劝司马睿收揽自中原南下百姓中的贤人君子，和他们共谋大事。王导为政务求清静，常常劝司马睿克己厉节，安邦定国。司马睿也十分仰仗王导，称他为自己的萧何。此后，君臣二人配合默契，江南大治。

助王称帝　清静为政

建兴五年(317)，司马睿在建业称帝，是为晋元帝。改元建武，史称东晋。王导任丞相军谘祭酒。在举行登基大典之时，司马睿给予王导最高的礼遇，百官陪

王 导

列，让王导与他共坐御床。王导急忙谢绝。王导认为国家初治，建立秩序是非常重要的，因此对元帝说："如果天上的太阳与万物一样落在地上，那么普天之下的芸芸众生靠什么来仰照呢？"元帝只好作罢。之后，王导也尽心辅佐元帝，而元帝也十分宠信他。所以朝野上下流传着这样一句话："王与马（司马）共天下。"

王导任相后，充分发挥自己的政治才干。他注意协调江南大族和北方迁徙的贵胄世族之间的关系，发展经济，与民休养生息，使国力得到了大大增强，东晋秩序逐步稳定下来。

当时，由于频繁的战乱，各少数民族统治者肆意烧杀抢掠，汉族人纷纷越淮渡江，南下避乱。北来侨民占南方人口的六分之一还多，如何安置他们，关系到东晋政权的稳定。当时，南方比较富庶的地方早就被当地士族占有了，北方人无法进入经济比较发达的地区落户，于是王导只好将侨民迁集到南方士族势力较为薄弱的地方，设立侨州、侨郡、侨县，建立了侨寄行政区，设侨官。同时，他们利用北方逃难来到江南的劳动力，重新创立产业。这样一来，北方来的士族都得到稳定与安治。

由于赋税和徭役过重，侨人难以负担，于是纷纷流入私门，国家的财政收入受到了极大程度的影响。因此，北方人口大量南移，也给社会带来很大的影响。为此，王导又推行了"土断"政策。即把侨州郡县的居民变成土著居民，按其居住地区认定新籍贯，编入户籍，这使得东晋政府编户增多，财政收入也大量增加。

王导不仅善于辅政，还善于理财，能根据具体情况办事。本来，经过战乱，皇室开支用度没有宽余，适逢朝廷财政空虚，只剩下几千端的粗丝布可以出售，但这种布却无人购买。王导于是心生一计，用这种布制成衣服并带头穿上，百姓于是纷纷效仿，布匹的价钱一下子都涨了起来。

王导为人谦虚谨慎，从不文过饰非。有一年大旱，数月之间滴水未降，农业收成很差，黎民百姓苦不堪言。身为宰相的王导时时感到上对不住皇上，下对不起百姓，便上疏皇帝自责并请降职。皇帝下诏将其称赞一番又再三挽留，王导才决定留下。

大义灭亲　北伐复国

晋元帝对王导非常尊敬，但他对王导等人手握重权还是很害怕，准备伺机削夺王导的兵权。因此他重用了佞臣刘隗、刁协等人，组建军队，监视王敦，疏远王导。王导依然恬静淡泊，但早有篡逆之心的王敦却沉不住气了，于是举兵反叛。

322年，王敦以清君侧的名义上疏痛斥刁协、刘隗的罪状，并向京城进军。晋元帝命刁协督六军，刘隗、戴渊卫护京城。四月，王敦率军至石头城（今江苏省南京市清凉山），击败刘隗。刁协、刘隗连忙奔逃。当刁协仓皇逃窜到江乘时被人杀死。

王敦造反，王导深恐灭族之灾降临，便率领全家老小，从早到晚跑在离台边等着元帝降罪。元帝知道王导一贯忠诚，又怕杀了王导更会激怒王敦，于是顺水推舟，让王导去劝王敦退兵。

王敦兵变，在王导的劝说下，最后以和平方式解决。但元帝司马睿却因此事心情郁闷，不久就去世了。元帝死后，司马绍即位，是为明帝。封王导为大司徒。

晋元帝司马睿

这时，王敦再次谋反。王导对王敦不顾国家利益，只为满足个人私欲的行为十分痛恨。为了表明自己对晋室的忠心，王导毅然向明帝请命，亲自率军平叛。

不久，两军相遇，王导假传王敦已死，命宗族子弟身穿孝服，为王敦发丧。王敦部下不知是计，顿时丧失了战斗力，而王敦本人也真的因此盛怒而死。王敦叛乱随即平息。

东晋之初，祖逖北伐，王导给予了积极的支持，但由于元帝宠信刘隗，再加上王敦举兵谋反，这次北伐便功亏一篑了。明帝即位后，王导决心进行第二次北伐，但北伐还未开始，又因王敦二次反叛而耽搁。

此后，明帝对王导更加倚重，王导也因此准备再次北伐，完成中兴大业。谁知，年轻的晋明帝却在此时突然病逝了，北伐再次泡汤。

反对迁都 平息流言

明帝死后，王导又与庾亮担负起辅佑成帝司马衍的重任。当时，内史苏峻因平定王敦之乱有功，且掌握重兵，日益骄横，不听朝命。庾亮认为苏峻早晚必乱，所以奏请成帝，召苏峻入朝，欲夺其兵权。王导却认为对苏峻应以宽大为主。庾亮十分固执，没有听从王导的意见。不久苏峻果然发难，攻入建康台城，纵兵烧杀。此期间，王导一直在成帝身边护驾。

当时苏峻部下路永、匡术等人都竭力要求将王导等朝中大臣全部杀掉，重新安排自己的心腹。苏峻虽心狠手辣，但因为敬畏而未敢伤害王导丝毫。

路永等人和苏峻之间也因此事出现了矛盾，王导得知后，喜出望外。王导迅速利用敌人的矛盾，暗中派参军袁耽诱劝路永等人，谋划让成帝逃出苏峻的控制，但因苏峻防守甚严而事情败露，王导不得不带着两个儿子跟随路永逃奔到白石。

后来陶侃、温峤攻破石头城，诛杀苏峻，这次动乱才算平息。这次浩劫使建康城的宗庙宫室都成为灰烬。温峤建议迁都豫章，三吴豪强则请建都会稽。支持两种说法之人相互攻击，不能定论。王导则认为："建康是帝王之乡，不能因宫室受损

中国宰相传

就轻易迁都。发展生产、节约用度才是眼前最重要的问题，否则民生凋弊，即使乐土也会变成废墟。更何况北方游寇时时窥伺我们，我们应安定沉稳，以安民心。"大家听后，纷纷表示赞同。

成帝幼小，满朝上下诸事基本上都由王导掌握。他的地位和威望达到了登峰造极的地步，就连成帝见王导，每次也要下拜。

这时，握有重兵且镇守武昌的庾亮见王导势重，要举兵废王导。有人劝王导密切注意防御，王导说："我和庾亮休戚相同，捕风捉影的议论决不是智者所言。如果庾亮真想废我，我自己就告老还乡了，不必他费事。"王导又给陶称写信，认为庾公是成帝元舅，应该好好侍奉他。庾亮知道此事后深感惭愧，也就改变了当初的想法。

王导本人生活简朴，即使位高权重，也是家无余谷，衣无锦缎。成帝知道后，给布万疋，以供他私人享用。王导有虚弱之症，不能坚持朝会，成帝亲自到他府第，饮酒奏乐，然后令乘轿入殿。

成帝咸康五年(339)，王导病逝，终年64岁。

桓　　温

桓温(312－373)，海西公、简文帝时大司马。字元子。东晋龙亢(今安徽怀远)人。穆帝时征西大将军，封南郡公；孝武帝追赠丞相。父桓彝，官至宣城太守；母孔氏，赠临贺太夫人。桓温能文能武，豪气过人，战功累累。但其心怀异志，有意废立。

平定西蜀　独揽朝纲

桓温父亲桓彝为宣城太守。在桓温出生不到一岁时，受到太原温峤的欣赏，桓彝于是就取名为温。桓彝后被韩晁和江播所害，桓温才15岁，他枕戈泣血，志在复仇。到18岁时，正赶上江播去世，江播的三个儿子在居丧，桓温拿刀进入屋里，把他的三个儿子都杀了，当时受到人们的赞誉。

桓温豪爽，相貌堂堂，面有七星，被南康长公主选为驸马都尉，袭爵万宁男，出任琅玡太守，累迁徐州刺史。他与庾翼关系很要好，经常一起讨论国家大事，并受到庾翼的推荐。庾翼去世之后，桓温担任都督荆梁四州诸军事、安西将军、荆州刺史、领护南蛮校尉。

当时，蜀地成汉政权衰弱，桓温便有了灭成汉的想法。永和二年(346)，他率兵西伐。当桓温上疏而行时，朝廷认为西蜀险要偏远，而桓温兵力不多，又是进入敌方，甚为担忧。当初诸葛亮在鱼复平沙上造八阵图，垒石为八行，每行相隔两丈。文武官员都未能认出。桓温见到当即指出这是常山蛇势。他命令参军周楚、孙盛在彭模守卫辎重，自己亲自率领兵步直接奔赴成都。李势派他的叔父李福及兄李权等攻打彭模，周楚等进行防御，李福逼却，桓温又进攻李权等，三战三捷，最后攻下成都，灭亡成汉。桓温在西蜀停留一个月，举贤旌善，百姓无不称赞。桓温因功晋升征西大将军、开府，封临贺郡公。

桓温还朝后，朝廷此时也害怕桓温的权势越来越大，便依靠殷浩等人来抗衡桓温，桓温相当愤怒，然而他很了解殷浩，并不怕他。桓温以北伐为名，顺江到达武昌时，兵力已达到四五万。害怕被废的殷浩，又想用驺虞挡住桓温的军队。后来的简文帝司马昱当时是抚军，给桓温写信言明社稷大计。于是桓温回军还镇，再次上疏表达了自己报效国家的志向。桓温被晋位太尉，自己固让不拜。

后来，殷浩因到洛阳修复园陵而遭惨败并导致朝野怨言四起。桓温进督司州，于是他启奏免除殷浩，从此内外大权归属桓温一人。桓温马上统率骑兵4万奔赴江陵，水军从襄阳进入均口，到南乡，步兵从淅川进征关中。军队所经之处民不受扰，一路上拿酒宰牛迎接桓温的有十之八九，穆帝也派侍中黄门到襄阳慰劳桓温。

桓温的母亲孔氏去世，桓温上疏解职，准备送葬宛陵。穆帝下诏不批准，追赠孔氏以临贺太夫人印绶，谥曰"敬"，并派侍中前往吊祭，桓温办理完丧事后回到官署。

数次北伐　劳而无功

桓温打算修复园陵，迁都洛阳，但朝廷不准。穆帝让桓温担任征讨大都督、督司冀二州诸军事，委以专门征伐的任务。

于是，桓温开始再次北伐。大军由江陵出发，行经金城时，看见早年他为琅玡太守时所栽种的柳树都已经长得粗大，约有十围，不禁感慨万分，手拿柳条，泫然流涕。此时，晋室南渡已经到了第五代皇帝，中原沦落已50年。

桓温一路拼杀，击败羌族贵族姚襄，来到平阳，屯兵在老太极殿前。桓温徒步进入金墉城，拜谒先帝诸陵，命令修缮被毁的陵寝，并设置陵令，然后回师京都。升平三年(359)，桓温改封南郡公，封其次子桓济为临贺郡公。

桓温返回江南，洛阳和其他已收复的土地又相继失陷。太和四年(369)，桓温开始第三次北伐。最初，桓温进军顺利，一度离燕都仅200里。后来，晋军形势发生变化，水运不通，粮草不继，退军已经是必然的了。在退兵途中，又中燕军埋伏和夹击，晋军被杀者达3万人之多。此后，前秦又于半路阻击桓温，晋军又死伤万余人。桓温的第三次北伐遂以惨败告终。

桓温北伐虽有广大人民的支持，但因东晋统治集团内部勾心斗角的破坏，桓温的北伐大都是无功而返。后来，朝廷改授他并、司、冀三州，罢免他的都督。桓温上表不受，又加他侍中、大司马、都督中外诸军事、假黄钺。

此时桓温总督内外，不宜再次远征，但他仍十分关心朝政。于是，上疏陈述应该做的七件事：其一，抑制朋党倾向，不宜扩展；其二，并官省职，让他们稳定地尽其职责；其三，朝廷职事不能停废，平时的行文档案应该限定日期；其四，应该提倡长幼之礼，奖赏忠公的官吏；第五，实事求是地褒贬赏罚；其六，应该述遵前典，敦明学业；其七，应该选建史官，编写晋书。不久，桓温加羽葆鼓吹，设置左右长史、司马、从事中郎四人。他只接受鼓吹，其余的全部辞让。他又率船进军合肥，兼扬州牧、录尚书事，但不久被朝廷召回。

心怀异志　身竟先死

桓温素有野心，他曾躺在床上对亲信讲："为人寂然无所作为，将会被汉文帝、汉景帝所笑。"接着坐起来说："男子汉即使不能流芳百世，也应当遗臭万年！"王敦甚受桓温仰慕，有一次经过王敦墓，连声称赞说："可人，可人！"

桓温一心想篡位，参军郗超建议他废帝以重立威权，桓温表示赞同。

晋废帝太和六年(371)，桓温逼褚太后下诏废掉皇帝司马奕，改立会稽王司马昱，是为简文帝。桓温改立新帝后，开始打击那些与自己不合的皇族和大臣，以谋反罪将殷、庚两大强族的势力削除殆尽。

桓温诛杀了殷、庚等人以后，威势显赫至极，侍中谢安在很远的地方看见桓温就开始叩拜。

司马昱身为帝王，但只是桓温发号施令的工具而已。简文帝常恐被废，整日担心，以致在位两年就一病不起。简文帝命其子司马曜继位，为孝武帝，他又紧急征召大司马桓温入朝辅政，一天一夜接连发出四道诏令，桓温推辞不来。简文帝下达遗诏：大司马桓温依据周公的旧例，代理皇帝摄政。又说："对年轻的儿子，可以辅佐就辅佐，如果不能辅佐，君则自己取而代之。"侍中王坦之手持诏书进入宫中，在简文帝面前把诏书撕掉了。于是简文帝就让王坦之重写诏书，说："宗族国家之事，一概听命于大司马桓温，就像诸葛亮、王导辅政时的做法一样。"是日，简文帝驾崩。

晋·简文帝

桓温希望简文帝临终前将皇位禅让给自己，或者让他摄政。这个愿望没能实现，他于是把怒火发到王坦之、谢安身上。

宁康元年(373)二月，大司马桓温来到建康，屯重兵于新亭(今南京南)。孝武帝诏令吏部尚书谢安、侍中王坦之到新亭迎接。这时，有人说桓温要杀掉王坦之、谢安，继而夺取司马氏江山。王坦之非常害怕，谢安则神色不变。在与桓温的谈话中，谢安应付自如，桓温才没有发难，晋王室也得以安稳。

三月，寓居建康的桓温去拜谒高平陵。回来后，桓温就身染重病，只好回姑孰养病。

宁康元年七月，桓温病重身死，时年62岁。

谢　　安

谢安(320－385)，简文帝朝礼部尚书；孝武帝朝太保。字安石，陈郡阳夏(今河南太康)人。西晋末年南迁寓居会稽。父谢裒，官至太常。谢安历任尚书仆射、中书监、侍中、太保等职。他志趣高雅、深谋远虑，政治、军事、文学才能都十分突出。封建昌公，追封庐陵郡公。谥号"文靖"。

纵情山水　　屡征不赴

谢安的家族是永嘉之乱中随元帝东迁渡江的世家大族。谢安的伯父谢鲲，在西晋末年曾是东海王司马越的相府参军，过江后任豫章太守，并死在任上。东晋初，谢安的父亲谢裒，官至太常卿。谢安在兄弟中排行第三，却比他的兄长们更有名气。谢安自幼聪明多智，4岁时，被当时的尚书吏部郎桓彝所称赞，将其比之于王东海。谢安聪慧敏悟，气宇非凡，当时的学童竞相效仿他读书时的音韵。

谢安对山水的爱好远胜于仕途，他志趣高雅，淡泊名利。最初朝廷征召他辟司徒府，任佐著作郎，他以有病为借口推辞掉了任命。当他寓居在会稽时，常和名士王羲之及高阳许询、僧支遁交游，游山玩水、谈天说地、议论古今、咏诗作文。

有一次，他和孙绰泛舟海上，不料突然变天，风浪大作，同伴都大惊失色，想要马上返回，只有谢安一个人游兴正浓，吟啸诗文，若无其事。划船的老头看他相

谢　安

貌安闲，便继续向远方划去。后来小舟在波浪中翻转，其他人都站起来喊叫，谢安却从容地说："如果都这样乱成一团，我们就回不去了。"大家才平静下来，船得以平安驶回。

谢安的名气越来越大。扬州刺史庾冰屡次要求郡县敦促谢安出来做官。谢安实在没有办法，只得赴召，但一个多月后，他又告假而归。后来，朝廷又多次征召于他，都被他谢绝。有关衙门上奏说：谢安被征召历年不到任，请求取消他入仕的资格。谢安并不因此感到苦恼，相反更加尽情地游览大好河山。谢安累次征召不赴，更加引起人们的注意。

谢安的弟弟谢万是西中郎将，总管边臣的要员。谢安虽然隐居自乐，名声反而比弟弟谢万还大。谢安的妻子看见家门富贵，只有谢安一个人淡于功名，不求进取，于是对谢安说："丈夫不能像兄弟谢万那样么？"谢安有些痛苦地说："恐不免如此。"后来谢万被废黜，40岁的谢安才有了入仕的想法。

力挽狂澜　清淡为政

征西大将军桓温主请谢安当司马，谢安将从新亭出发，朝士都来送行。桓温见到谢安由衷地高兴，两人谈论平生抱负，终日欢笑。桓温对谢安十分满意，也非常尊重。桓温准备北伐时，正赶上谢安的弟弟谢万病死，谢安请求回家。不久，他征拜侍中，晋礼部尚书、中护军等职。

此时的朝政已被桓温所掌控，他一向野心勃勃，企图篡夺帝位。太和六年(371)，桓温废除了皇帝司马奕，另立简文帝司马昱，使得本来就不太稳定的政局再次出现危机。两年后，司马昱忧郁而死，桓温立司马曜为帝，朝政仍由自己把持。

桓温的淫威使大臣们纷纷臣服他自己，唯独谢安却能坚持自己的立场，运用自己的智慧来与桓温周旋。有一次，谢安在路上远远见到前呼后拥、威势赫赫的桓温，纳头便拜。桓温大为惊诧，忙问他为什么这样，谢安从容应答："从没有君王拜在前面，而大臣揖躬在后的规矩。"另有一次，桓温的部下郗超像平时那样躲在帐子里偷听谢安与桓温的谈话，以便更好地为桓温出谋划策，不幸帐子被风吹开，他一下子就暴露在谢安面前。谢安也不奇怪，只是幽默地取笑："郗先生真可谓是入幕之宾呀！"说得郗超满脸通红，无话可说，桓温也在一旁尴尬不已。

宁康元年(373)二月，桓温亲率大军回兵京师，打算趁机登基称帝。朝廷上下，人心惶惶，司马曜不得不下诏让吏部尚书谢安和侍中王坦之到新亭迎接桓温。

在新亭，文武百官纷纷跪拜在道路两旁，迎接不可一世的桓温的到来，每个人都心惊胆战。与谢安同来的王坦之更是惊慌失色，汗流浃背，紧张地连手版都拿倒了。在这惶恐的一群人中，只有两个人不改其容颜，一个是来者不善的桓温，一个是镇定安闲的谢安。谢安走上台阶，在席上就坐。他并不看桓温布置在四周，围得像铁桶似的卫兵，而是先作了一首咏浩浩洪流的《洛生咏》，然后才平静从容地说："我听说诸侯有道，就会命守卫之士在四方防御邻国的入侵。明公入朝，会见诸位大臣，在墙后布置人马是不是多此一举呢？"谢安的旷达风度和自若本色，立刻镇住了桓温。桓温于是赶忙赔笑说："正因为不得已才这样做呀！"连忙传令撤走兵士，紧张气氛也随之得到缓解。在接下来的时间里，他又摆酒设馔，与谢安两人谈天说地，在这欢笑声中，朝廷总算度过了一场虚惊。

新亭风波后，在谢安和王坦之的忠心辅佐下，局面逐步稳定下来。但是，野心勃勃的桓温却依旧不肯放弃自己做皇帝的梦想。不久，他回姑孰养病，暗示朝廷授他"九锡"。"九锡"是历代权臣篡位前的最后一级台阶，他身患重病更是急于获得，目的就是要做一次皇帝。他让袁宏按他的意思起草加授九锡的诏令，袁宏把诏令拿给谢安看，谢安认为不好，便动手进行修改。就这样一共修改了好几次，几十天过去了也没有定下来，直到七月桓温病死。至此，司马氏朝廷面临的一场危机总算过去了。

不久，谢安任尚书仆射，领吏部，加后将军。等到中书令王坦之出任徐州刺史，诏命谢安总管中书事。谢安坐镇朝廷，以和平之态来谋划治理长远。文武百官也都乐于效命。他不以细故察人，而弘大朝纲，威望著于外，众人都以王导相比，认为文雅有过之而无不及。谢安曾和王羲之登冶城，悠然畅想，有超然世外之志。王羲之曾对他说："夏朝大禹他为王事奔忙，手足磨成老茧，周文王往往过时而食，整日没有闲暇的时间。现在我们四周都是敌人的营寨，应该考虑怎样见到成效，虚谈浮文妨碍要务，这在当今恐怕不合时宜吧！"谢安说："秦委政于商鞅，仅过二世而亡，难道是清谈造成的后患吗？"

运筹帷幄　淝水大捷

太元七年(382)，由氐人建立的前秦统一了北方，与东晋并存。次年，前秦皇帝苻坚决定调士卒90余万人攻伐东晋，由弟弟苻融率领。前秦军很快攻下寿阳(今安徽寿县)，东晋军队节节败退。

在此之前，谢安就组织了一支由徐、兖二州侨人或其子孙组成的北府军队。北府兵的将卒深受匈奴和羯人的仇杀之苦，因此有抵御苻秦、保卫江南的决心。

面对强敌压境，东晋以谢安之弟谢石为征讨大都督，以谢玄为前锋都督，率北府兵8万人迎击秦军。

十一月，谢玄派刘牢之率精兵5000人进击秦军将领梁成。刘牢之率部奋勇向前，强行渡河，大破秦军，斩了梁成。秦军不得不向淮水一线溃逃，而谢石、

东山报捷图

谢玄却指挥晋兵节节进逼，直逼寿阳。时值深秋，苻坚与弟弟苻融登上寿阳城楼远望，看到东晋军阵严整，颇具规模；又看见八公山上草木摇动，以为都是东晋的士兵。惊惧与惆怅的情绪不禁涌上心头，苻坚若有所失地对苻融说："这哪里是弱旅，明明是强敌啊！"脸上不觉露出了畏怯的神色。

实际上，东晋大臣对百万前秦大军更是感到害怕。朝廷加封谢安为征讨大都督，率军抵抗。出兵之前，谢玄去向谢安问计。谢安坦然地回答说已经另外有旨了，然后沉默不语。谢玄不敢再说，要张玄再去请示。谢安就命令驾车去山野田庐，亲朋都来聚集，谢安和谢玄下围棋，以别墅赌胜负。谢安的棋艺平时劣于谢玄，但今日谢玄心中不安无心下棋，始终胜不了谢安。

晋军与前秦军在淝水东西岸互相对峙。苻坚派东晋降将朱序至晋营劝说谢石投降。谢玄乘机使谢石和苻融相约，让秦军后退些，晋军渡江与秦军决战。苻融企图乘晋军半渡之时，全歼晋军于淝水中，于是令前秦军稍退。但是，秦军内部复杂，大多数不愿作战，特别是汉人心向南方。因此，当前秦军接到撤退命令时，以为前方被击败，于是奔逃溃散，自相践踏，死伤遍野。晋军乘势猛攻，秦军大败。消息传到京城，谢安正与客人下棋，看完信后，随手放在坐床上，一点也没有露出喜色，下棋照旧。客人问他淝水战况，他才慢慢地回答说："小辈儿已经打败贼寇了。"棋局结束，谢安回到内室，由于内心兴奋，跨过门槛时竟连屐齿折断都不知道。

谢安怀有统一南北的大志，他一再上疏请求亲自北征，于是晋都督扬、江、荆、司、豫、徐、兖、青、冀、幽、并、宁、益、雍、梁十五州军事。谢安上疏让太保及爵位，皇帝没有允许。

激流勇退　千古留名

谢安身为朝廷重臣，他经略远瞻，让官员和功臣们互不相争，平衡各种政治势力以保朝廷的稳定。谢安认为刘牢之不可以独自担负重任，又预知王味之不应该专任一城之长。最终，刘牢之果真以叛乱而告终，王味之也因为贪污受贿而身败名裂。谢安的先见之明被世人所称赞。

谢安平时对音乐非常喜欢，但自从他弟弟谢万死后，他10年没有听音乐。登台辅之位后，他整年丝竹不断。王坦之写信劝谕他，他不听从，上层社会纷纷仿效他。而他又在土山上营造别墅，楼馆竹林很茂盛，他常携内外子侄往来游集，每次光菜肴就花费百金之多。人们对此多有非议，而谢安却满不在乎。

后来，会稽王司马道子专政，朝政一片混乱，司马道子身边豢养着一个与谢安关系微妙的小人——谢安的女婿、王坦之的儿子王国宝。王国宝不学无术，品行恶劣，非常受谢安嫌弃，更别提栽培重用了。他对谢安心怀怨恨，经常在司马道子和皇上面前挑拨离间，使孝武帝疏远谢安。为了避嫌，谢安被迫离开京城，举家搬到广陵附近，在那儿修了一座陋府，美其名曰"新城"。在对广陵防务作了周密布置之后，谢安请求朝廷准他回京治病。

当谢安的车辇缓缓驶进建康的时候，谢安很是伤感，他对亲近之人说："以前我常担心死在专权的桓温手中。忽然有一次，梦到坐桓温的车走了16里，见到一只白鸡才停下来。坐他的车，预示我替代他的职位；16里，意味着我代居宰相16年而止。白鸡主酉，如今太岁在酉，我的病恐怕是好不了啦！"于是，他上疏辞官。几天后，谢安病卒于京师，时年66年。

王　猛

王猛(325－375)，前秦符坚时丞相。字景略，青州北海剧县人。帮助符坚治理国家，平定内乱，消除周边少数民族国家的威胁，稳定了中原地区局势，发展了当地经济。

英明择主　治国有方

王猛出生时正值"五胡乱中原"，而王猛的家乡正是暴君羯人石勒所建立的后赵。为了躲避战乱，王猛在幼年时随家人来到了魏郡居住。由于家境贫寒，王猛只好以卖簸箕为生，但干一番事业的理想却一直萦绕在他的心头。

长大后的王猛不仅身材高大、面目英俊，而且博学多才，喜读兵书。生活不拘小节，凡是不能和他心灵有所沟通的人，他理都不理。王猛相信自己有辅佐帝王成就大业的才能，只是总找不到适合自己辅助的人。于是他隐居华阴山，等待出仕的机会。

晋穆帝永和七年(351)，氐族人符健占领关中，建都长安，称天王、大单于，国号秦(史称前秦)。第二年称帝，势力逐渐强盛。永和十年(354)，东晋荆州镇将桓温北伐击败符健，并将军队驻扎在灞上。

王猛得知这个消息后，急忙来桓温大营求见。桓温让王猛谈谈对时局的看法，

王　猛

王猛一面捉着身上的虱子，一面旁若无人地纵谈着天下大事。桓温也并不介意王猛这有失大雅的行为，而是问他为什么自己率军北伐为民除害，关中豪杰却无人来效劳。王猛直言不讳地回答说：这是因为他们不知道您肯不肯攻取长安的缘故。

这话恰恰触及到了桓温的心病，是由于他的私心在作怪。此时王猛这一暗带机关的话，顿时使他无以对答，但心里越发佩服面前的这位扪虱寒士了，称赞他的才干江东无人能比。

同年六月，桓温因粮草问题被迫撤军。临行前，拜王猛做他的督护，希望王猛能与他一起南下，但被王猛谢绝了。

永和十一年（355年），苻健去世，其子苻生继位。苻生天性残忍、暴虐，苻健的弟弟苻雄之子苻坚一心想取而代之，他的亲信尚书吕婆楼向苻坚推荐说王猛可助其成事。

苻坚和王猛一见如故，发现双方的想法竟然不谋而合，这令苻坚欣喜不已，连连自叹为玄德之遇孔明也。之后，苻坚杀苻生即位，在左仆射李威的建议下任命王猛为中书侍郎，委以机密。

苻坚即位后，阶级矛盾日益严重，氐族贵族已经从朝廷到地方形成了一股危害极大的社会势力。尤其是当时始平县的氐族豪强，大多是跟随苻洪在枋头起兵的旧人，他们自恃有功，横行乡里，胡作非为。

苻坚让王猛到始平担任县令。王猛到任后不畏强暴，整顿秩序，严于律法，还鞭杀了一名为非作歹的县吏。此举惹恼了氐族众豪强，他们联名上书诬告王猛滥杀无辜百姓。上司偏袒氐族豪强，将王猛押解还京，投入狱中。

苻坚亲自提审王猛，质问他为什么不兴德化而杀戮无数。王猛理直气壮地回答说："臣闻'宰宁国以礼，治乱邦以法。'陛下不以臣不才，任臣以剧邑，谨为明君芟除凶猾。始杀一奸，余尚万数，若以臣不能穷残尽暴，肃清轨法者，敢不甘心鼎镬，以谢孤负。酷政之刑，臣实未敢受之。"苻坚顿时明白德政不能盲目实行，他立刻下令释放王猛。之后任命王猛为左丞之职，让他监督朝廷百官；不久，又命他兼咸阳内史。

苻坚对王猛越来越信任，导致朝中一些贵族的嫉妒。一次，姑臧侯樊世倚仗战功当众羞辱王猛，王猛无奈将樊世的这种无端挑衅报告给苻坚。苻坚对樊世的行为表示不满，便和王猛商议，找了一个借口将其杀掉。此事之后，自公卿以下的官吏没有不害怕王猛的。十月，苻坚以王猛为吏部尚书，再迁太子詹事；十一月，再升仆射，侍中、中书令如故；十二月，又加辅国将军、司隶校尉，并以骑都尉居禁中宿卫。王猛当时只有36岁，却在一年中得到5次升迁，权倾内外，真是从未有过的荣宠。同时，苻坚对王猛也给予了绝对的信任与支持，处罚了那些对王猛造谣中伤的人。

王猛虽以惩恶出名，但他也不拘一格、不计前嫌地任用人才。他举荐了房默、房旷、崔逞、韩胤、田勰等一批关东名士担任朝官或郡县官长。苻融曾犯过一些错误，内心一直不安，王猛以他文武出众，见识远大而不予追究，对他依然信任重用。

此外，王猛还帮助苻坚创立了荐举赏罚制度和官吏考核新标准；并兴办教育，培养人才；兴修水利，奖励农桑，努力发展社会生产，维持各民族之间的关系。

王猛为人不仅韬略满胸，而且处事果断，从不拖泥带水。在军事上，王猛的才能也毫不逊色，他曾多次亲自率军出征，为前秦统一北方做出了重要贡献。

内定叛乱　外平前燕

当初，割据陇西的李俨举郡投降前秦，但不久却又和前凉相通。十二月，羌人敛岐背叛前秦，向李俨称臣。李俨便和前秦、前凉都断绝了关系，趁机独立。

太和二年(367)二月，王猛率兵讨伐敛岐。不久，前凉君主张天锡也兵分三路讨伐李俨。在王猛的威势下，敛岐不战而降。同时，张天锡大败李俨，将其逼至枹罕。李俨忙派侄子李纯去向前秦谢罪，并请求救援。苻坚宽厚，不计前嫌，遂派前将军杨安、建威将军王抚率骑兵2万会合王猛，前去救援李俨。

王猛大军一到便大败前凉官兵，与张天锡在枹罕城下形成相持之势。王猛审时度势不想再与张天锡纠缠下去，于是写信与张天锡讲和，两兵相继退去。而李俨见危机已过，又不想归降前秦了，于是王猛只带了几十个随从，来到枹罕城下求见李俨，并趁李俨打开城门之时将其活捉，押回长安。苻坚没有杀掉李俨，而是任命他为光禄勋，赐爵归安侯。

五月，前燕太宰慕容恪去世，苻坚便打算征讨前燕。

兴宁三年(365)九月，征东大将军、并州牧、晋公苻柳和征西大将军、秦州刺史、赵公苻双乘苻坚外出打算袭击长安，但被击败。苻坚认为苻双是同胞兄弟，苻柳是明皇帝苻健的爱子，也就没有深究此事。谁料，苻坚的宽容、姑息招致了一场大内乱。十月，苻柳据蒲坂，苻双据上邽，苻庾据陕城，苻武据安定，同时举兵，反对苻坚。

太和三年(368)正月，苻坚派兵前去攻讨，苻庾却突然举陕城投降了前燕，并请求燕发兵接应，但在被苻坚收卖的燕国太傅慕容评的阻止下，前燕最终没有出兵援助苻庾。不久，苻武和苻双战败被杀。

在蒲坂，苻柳多次出兵挑战，王猛不予理会。苻柳以为王猛害怕，便让他的儿子苻良镇守蒲坂，自己率军2万向长安进发。不想途中被邓羌、王猛所伏击，只剩下数百骑逃回蒲坂。九月，王猛等攻克蒲坂，斩符柳及其妻子。又会合王鉴等人破陕城，擒符庚，送至长安。至此，符氏之乱被平息。

太和四年(369)四月，慕容恪病死，东晋桓温亲率步骑5万自姑孰出发开始北伐，一路连败燕军。惶恐的燕国统治集团，以割让虎牢以西的土地给前秦为条件，向前秦求援。

符坚召集群臣商议，认为当年桓温伐秦时，燕国坐视不救，今日桓温伐燕，我们也不应救援。王猛却持反对态度，建议符坚与燕合兵退桓温。他说："桓温兵败，燕国的国力也会消耗很大，我们则可以趁机消灭它。"符坚遂采纳王猛的意见，八月，派将军苟池和洛州刺史邓羌率领步骑2万救援前燕，同时升王猛为尚书令。在秦燕联军的努力下，桓温大败。

燕国虽胜，但国内的危机却日益严重。功臣慕容垂受太傅慕容评迫害，带着子侄投降了前秦。符坚大喜过望，亲自到郊外迎接，执其手说要与慕容垂共同平定天下，然后世代封于幽州，慕容垂感激不尽。

恰好此时，前燕反悔食言，不想将虎牢以西土地割让给前秦。前秦于是以此为借口，于十一月派王猛统将军梁成、邓羌等率步骑3万，进攻前燕，并以慕容垂长子慕容令为参军，充当向导。

十二月，秦军攻打洛阳。王猛在石门将驰援洛阳的燕军击败。太和五年(370)正月，王猛写信劝降了燕洛阳守将洛州刺史慕容筑，梁成同时也攻下了荥阳。秦军占领洛阳、荥阳两战略要点后，王猛留邓羌驻守金墉，自己带兵返回长安。借以表示此次之所以攻打前燕，只是为了夺取燕国允诺的割让之地。

同年六月，符坚令王猛统杨安、张蚝、邓羌等10名将领，率步骑6万开始正式进攻前燕。

七月，王猛亲自率主力之兵攻破壶关，同时，又令杨安率一部分兵力攻打晋阳，但是却久攻不克。于是九月份，王猛让屯骑校尉苟苌把守壶关，自己亲率主力前去援助杨安。到了之后，王猛令士兵挖地道通往城内，杀死守门燕兵，率兵攻入城中。而前来救援的慕容评害怕王猛大军，率援军滞留于潞川，不敢前进。

十月，王猛率主力进军到了潞川，与前燕军隔河相峙。慕容评认为前秦军队战线拉得太长，于是决定据河防守，想以此脱垮秦军。但是不料，由于慕容评为人贪鄙，官兵怨愤，军心早已涣散。于是王猛决定派游击将军郭庆，乘夜从小路烧了他的粮草。

第二天，双方展开了决战。决战之前，王猛为了打赢这场关系全局的决战，大胆地答应了邓羌要求加封自己为司隶的请示。于是邓羌在帐中大饮，与张蚝、徐成等跃马横枪，直扑燕军，四进四出，杀死杀伤燕军数百人。前燕军全军溃散，慕容评单骑逃回邺城，原屯于沙亭准备接应的慕容桓，率军撤到了内黄。

不久，前秦军攻下了邺城，各州郡牧守先后投降，前燕遂亡。

灭燕之后，苻坚为加强对关东地区的统治，任命王猛为使持节、都督关东六州诸军事、车骑大将军、开府仪同三司、冀州牧，镇守邺城，进爵清河郡侯，并将慕容评府中的所有财产全部赐给王猛。但是，王猛都没有接受。

灿星坠落　心系社稷

咸安二年(372)六月，苻坚任命王猛为丞相、中书监、尚书令、太子太傅、司隶校尉、特进、常侍、持节、将军、侯不变。

宁康三年(375)六月，正值盛年的王猛突然一病不起。苻坚日夜为他祈祷，王猛病情稍有好转，苻坚便欣喜异常，还赦免了死罪之下的所有囚犯。王猛知道自己没有痊愈的希望了，便上疏告诫苻坚说："善作者不必善成，善始者不必善终，是以古先哲王，知功业之不易，战战兢兢，如临深谷。伏惟陛下，追踪前圣，天下幸甚！"苻坚含泪读着奏疏，心中十分悲伤。

七月，苻坚亲自到病榻前探视病危的王猛。王猛语重心长地对苻坚说："晋虽然偏安江南，但仍为中原正统，应与之友善交好，不要图亡。而鲜卑、羌虏是我国之仇，应当消灭以除后患。"说完，51岁的王猛便闭上了眼睛。苻坚不禁失声痛哭。王猛尸体入殓的时候，苻坚三次亲临吊唁，按照汉朝安葬大司马大将军霍光那样的最高规格，隆重地安葬了王猛，并追谥王猛为"武侯"。

王猛死后8年，苻坚不顾群臣的反对，悍然调集90余万大军进攻东晋，结果在淝水之战中一败涂地。而王猛再三叮嘱苻坚要除掉的鲜卑、羌族上层阴谋分子，如慕容垂、幕容冲、姚苌之流，因为未被除掉，后来也乘机举兵造反，纷纷割据自立，把前秦的一统江山搅得七零八落。

元　　澄

元澄(467－519)，本名拓跋澄，字道镜，北魏孝文帝时宰辅。支持孝文帝改革，促进了中原民族的融合，对中华文明的发展做出了重要贡献。

少年挂帅　初露锋芒

元澄的祖父是太武帝拓跋焘的长子——景穆太子拓跋晃，因过早逝世而未登上皇位；他的父亲是任城康王拓跋云，曾都督中外诸军事，后死于雍州刺史任上。

元澄出生时他的祖先已经统一了北方，实现了对中原的稳定统治，少数民族与汉族中原文化也处在缓慢的对抗、碰撞与交融之中。也就在元澄出生那一年，文成帝的皇后——冯太后临朝听政，开始了她对北魏朝政长达24年的控制。这位出身汉族的女主粗通文墨，生性严明，颇具革除时弊的魄力与决心。她大量引用汉族士人，让他们制定法令，按中原政权以儒教古训为传统的模式建立起一套礼仪制度；她崇尚儒家文化，执政后便马上下令在全国各郡设置太学，选当地大族子弟入学，以复兴儒教；她还下令设立皇宗学，让皇族子弟入学读书；用《劝诫歌》《皇诰》等书向孝文帝及鲜卑贵族灌输儒教观念。因而，幼儿和少年时期的元澄接受了不少汉族文化知识，加上他勤奋好学，聪明灵悟，除了善于吟诵诗文外，还能言善辩，往往令大人们啧啧赞叹。

太和五年(481)，14岁的元澄因父亲的去世承袭父爵，成了一位少年王爷。当时，与他同岁的元宏恰巧当了皇帝，他经常亲切地称元澄为"任城"，并让他随自己南征北战。太和九年(485)十二月，漠北大草原的柔然又贸然入侵北魏边境。为了消除边境的威胁，保卫边疆，孝文帝任命元澄为使持节、都督北讨诸军进行讨伐。柔然在北魏大军威慑下，仓皇北逃，元澄取得他仕途中的第一个胜利。

除掉北方强敌，解除边境威胁后，西南又发生了叛乱。这年，梁州的氐人又起来造反。朝廷便让首战告捷的元澄转任征南大将军，都督梁、益、荆三州诸军事，并担任梁州刺史，并且还受到了太后的亲自召见。元澄来到梁州，深入民间，考察当地氐羌人的风俗习性，采用了以招降为主的怀柔之道。他上表朝廷让这些凶狡的氐帅做地方官吏。他让仲显做循城镇副将，杨卜做广业郡的太守，叱盘做固道镇副将，其余的氐族首领，也量其才能而任用，奖赏归附者，严厉打击诛杀违命不从者。没过多久，等元澄回京时，仇池一带已安定下来，西南各族也都归顺了朝廷，那里的人民安居乐业，传诵着少年刺史元澄的美名。

元澄回朝后，朝廷对他平定叛乱的功劳加以奖赏，加侍中，随后转任征东大将军，并开府，任徐州刺史。由于他治理有方，不仅在当地深得民心，而且在朝廷也有了一定的声望。

有一次，元澄到京城上朝，孝文帝事后专门将他留了下来，两人谈论历史古今人物，十分融洽、投机。元宏将元澄与子产相比，元澄坦然地说："子产的政道合乎当时，美名流传史册，这不是平庸的我所能相比的。依我之见，陛下如今固然广有国土，但天下仍未统一，江南还控于异姓之手，这时我们只能来慑服他们而不能采用礼治；暂时还应使用子产的办法，等到天下大同，再以王道教化黎民。"元澄这番议论使正计划改革，却苦于无人知晓他的想法的孝文帝龙颜大悦。于是，孝文帝决心重用元澄来帮助自己完成改革大业。元澄很快被征为中书令，后改授尚书令，处于一人之下、万人之上。

深受重任　拥护迁都

迁都，是孝文帝改革的一个重要环节。当时北魏的首都还在平城，它地处边陲，不是水土丰饶之地，不便控御北方而统一全国。随着人口的增加，再加上交通不便，从外地运粮很难，使得本来就很少的物质供应更显得紧张。与此同时，南方中原大地上发达的经济和高度的文明是最吸引孝文帝的，所以迁都就成了他改革成功的基础和必要前提，因而必须慎重而周全地策划迁都大事。

鲜卑的王公贵族在平城一带已盘根错节，安居立业，迁都是很难令他们接受的。由于迁都阻力很大，于是孝文帝精心设计了一个"外示南讨，意在谋迁"的计策。

首先，他按照惯例，召集群臣在明堂占卜。太常卿王谌亲自占卜，得了个"革"卦。孝文帝说这正是顺应天时，符合人意的卦象。群臣虽然不愿南伐，却没有一人敢提出异议。元澄憨直，也不理解孝文帝的真正意图，于是站出来表示反对。孝文帝见他不理解自己的意思，也不好点明，只好将其训斥一番，君臣不欢而散。

孝文帝起驾回宫之后，又召元澄入宫。还没等元澄走上台阶，孝文帝便远远地对他解释说："因为怕众人纷纷进言，所以假装生气以震慑文武百官。"同时，又斥退左右，悄悄地向元澄说明了假意南征，实为迁都的计策，并征求他的意见。听完孝文帝一番肺腑之言，元澄才领悟了这位君王的志向与苦衷，他十分赞同迁都的主张。孝文帝很欣慰他的想法会得到元澄的理解与支持，但他随之又担心这样会引起北人的惊慌。元澄转过来又鼓励孝文帝说："这既然是一件非常之事，就不必让常人知道，应当采取非常手段。只要陛下圣心坚定不移，料别人也不敢反对。"孝文帝一听这话，龙心大悦，将元澄视为自己的子房并决定按计划行事。

太和十七年(493)七月，孝文帝率步骑30万向南进发。一路连绵阴雨，到了洛阳以后，大雨还是不停，孝文帝依然下令六军继续向南。孝文帝身着戎装，手执鞭子，御马而出。六军将士都不愿意南伐，大臣们纷纷在孝文帝马前跪下，劝谏停止南征，孝文帝不听，下令继续南征。

安定王元休、任城王元澄等也出来一边哭泣一边劝谏。孝文帝认为时机已经成熟，可以公开提出迁都之事了，便对群臣说："今天劳师动众而没有结果，日后肯定会被后人耻笑。如果不南征，就迁都洛阳，二者选择其一，同意迁都的请站在左边，不欲迁都的请站在右边。"元澄马上站在了左边，其他人一看也纷纷站在了元澄的一边。

迁都大计定下之后，令孝文帝不放心的是在平城还有许多留守的鲜卑贵族和百官，还须要做广泛深入的说服动员工作，才能使大家接受迁都主张，顺利实现迁都大计。于是，他决定派任城王元澄回平城，让他去说服那里的官员同意迁都洛阳。

　　元澄宣布迁都的诏令后，果然引起了大家的恐慌。元澄便充分施展其辩才，引经据典，将迁都的道理向大家逐一说明，众人这才平静下来，并表示愿意从命迁都。事情完后，元澄担心孝文帝着急，便马上兼程回洛阳汇报。孝文帝果然等不及，已经到了滑台，在那里孝文帝听了元澄的汇报，十分高兴，说："如果没有任城，朕的事业便不会成功！"不久，元澄被任命为吏部尚书。

　　493年，孝文帝将都城从平城迁到洛阳，并又留命元澄选拔旧臣。他本着量才录用、公正合理的原则从几万名冗官繁吏中选出了一批比较优秀的官员，并按优劣程度分为三等，以便任用于新都的职官体系中。而这些旧都官吏无论是否被任用，都毫无怨言接受了安排。元澄本人也马上兼职尚书右仆射。

带病平叛　稳定时局

　　太和二十年，以恒州刺史穆泰为首的一大批反对迁都及汉化改革的鲜卑贵族，企图拥立喜爱平城的皇太子元恂谋反。十二月，元恂趁孝文帝游幸嵩山，企图率众归平城，事情败露后，被削为庶人。随后，穆泰在恒州谋反，推朔州刺史阳平王元颐为主，不料元颐却向朝廷报告了这个机密。此时元澄正卧病在家，孝文帝将元澄召至凝闲堂，说明了原委，并决定派他负责征讨。元澄赶忙表态，并且以生命担保一定消灭穆泰。

　　元澄立即动身前往雁门，听说穆泰已经掌握重兵西奔阳平后，元澄下令部队全速推进。当时右丞岳斌主张召集并肆的部队，然后再慢慢出动。元澄却认为只有迅速去镇平他们，才可以安定民心。于是下令从几条道路一齐进发，打算出其不意，一举歼灭。他同时又派遣治书侍御史李焕先单车入城。突然到来的李焕向穆泰周围的人晓以祸福，劝诱投降，于是叛党离心，都站到了朝廷军队一边。穆泰见形势不妙，准备破釜沉舟，突围出城，结果被李焕擒拿。元澄也接着赶到，安抚民众，惩治参与谋叛者。将钜鹿公陆睿、安乐侯元隆等百余人都抓起来，投入了大牢。孝文帝看完元澄写来的表状之后大喜，召集公卿以下官员，让他们传阅元澄的表文，并让元澄做了正尚书。

　　太和二十三年(499)正月，南齐大将陈显达率军进攻沔北，身患重病的孝文帝仍坚决亲率大军前往迎敌。临出发前，他在清徽堂会见元澄，并下诏对他委以大事。元澄听说此言，不禁潸然泪下，他答应孝文帝要竭尽股肱之力，死而后已。四月，孝文帝病逝于行军途中。元澄接受遗诏，与彭城王元勰秘密商议，为稳定政局决定暂不发丧。一面命人奉诏召太子，一面密报留守洛阳的于烈注意消除一切不安定因素。

获罪遭贬　不忘平南

孝文帝驾崩时安排的辅政大臣共有六位，除了元澄等四位皇族成员外，还有汉族人士吏部尚书宋弁、尚书令王肃。王肃本来是南齐人，孝文帝太和十七年(493)，由于其父兄都被杀害，所以从建康来投奔北魏。孝文帝见到王肃，很快便为他的才能智识所折服，大有玄德之遇到孔明的感觉。虽然元澄在他的改革活动中立有大功，但孝文帝依旧让王肃做了宰辅(尚书令)，居于元澄之上。元澄对此心中非常不满，并时常对人说起。

宣武帝元恪即位的景明元年(500)正月，南齐豫州刺史裴叔业以寿春内附。四月，彭城王元勰与王肃带兵前去攻打，沿淮而上，逼降寿春的南齐大将陈伯水等人。王肃等人凯旋而归，不料，降兵严叔懋报告说，尚书令王肃遣孔思达私通南齐皇帝萧宝卷，试图反叛。不经调查的元澄立即将王肃以谋反之罪囚禁起来。事后查明，严叔懋是在诬告，王肃也随即被释放。首辅六人中的咸阳王元禧、北海王元详平日擅权不法，贪聚财物，此时又对元澄投井下石，弹劾他擅自囚禁宰辅。无奈之下，元澄只好辞官回家了。后来，朝廷又改授他为安西将军、雍州刺史。

元澄虽身任州官，但仍心系朝廷，始终关心着元魏的安危。他时刻铭记孝文帝的遗言，渴望早日完成孝文帝平定江南，行儒教于天下的未竟之业。

景明三年(502)，齐末主肖宝融被梁武帝萧衍杀死，他16岁的弟弟萧宝夤来到寿春投靠北魏。扬州刺史元澄得知后，亲自以车马侍卫迎接这个落难的南齐贵族，并按丧兄之制，让他祭奠亲人，元澄亲率百官赴吊，让肖宝夤感激涕零。不久，元澄派辅国将军成兴赶走了入侵夷陵戍的南梁大将张器之。元澄令军队乘胜追击，又派奇道显攻取了萧衍的阴山戍，不仅斩了戍主龙骧将军、都亭侯梅兴祖，而且还斩了梁的宁朔将军、关内侯吴道爽。在元澄

梁武帝·萧衍

的请求下，宣武帝决定南伐，他调动冀、定、瀛、相、并、济六州兵马共2万人，马1500匹，在中秋时汇集淮南，与寿阳的3万兵士一道，由元澄全权统领，向南进发。

元澄不仅精于政道，还懂兵法战略。他联合东扬州刺史萧宝夤、江州刺史陈伯之，协同作战，全盘布置，根据不同的地理特征，采取不同的作战方法。他派遣统军傅竖眼、王神念等依次逼进大砚、东关、九山、淮陵。不久，王神念先攻克了关要、侨颖川二城，斩军主费尼。元澄又派遣统军党法宗、傅竖眼先后攻克白塔、牵城、焦城、淮陵，擒获萧衍的徐州刺史司马明素，斩杀徐州长史潘伯邻。其余各路敌将都弃城溃逃，南伐取得了巨大的胜利。身在洛阳的宣武帝得到报告后，龙颜大

喜，下诏对元澄又是一番嘉奖。

正始元年(504)，魏、梁在钟离大战，元澄虽始尝胜果，俘获萧衍冠军将军张惠绍、游击将军殷暹、龙骧将军张景仁及其屯骑校尉史文渊等27名将官，然而天降暴雨，淮水涨满，元澄无奈引归寿春，狼狈还州，兵士死伤4000余人。元澄以指挥失利向宣武帝引咎辞职，未被答应。后朝廷有关机构以元澄兵败，剥夺其开府资格，给他降职三级的处分。这时，萧衍有信要求换回他的冠军将军张惠绍，元澄表示反对，但尚书令元嘉还是将其放了回去。在此后的时间里，张惠绍果然如元澄所担心的那样又来寇掠。大家想起元澄远见卓识的话，但为时已晚。

尽力匡辅　无力回天

延昌四年(515)正月，宣武帝病卒。继位的孝明帝年仅5岁，而高肇却在外拥兵自重，政局极不稳定。领军于忠、侍中崔光等建议让素有声望的元澄担任尚书令，于是，元澄在国家危难之际，再度出山担任宰辅。

孝明帝元诩即位，他的母亲胡氏在宗室诸王拥戴下临朝听政，人们称之为"灵太后"。灵太后不久便专权独断，完全以皇帝的身份处理朝政。元澄虽居宰相之职，但已无回天之术，只能尽自己最大的努力在各个方面进行改革。

首先，元澄针对宣武帝正始末年百官晋升一级，但刺史、郡守、县令却不能享受此待遇一事向灵太后提出异议。灵太后以前朝之事不准再提为由加以拒绝。元澄并不善罢甘休，再次奏明太后，作为君主应善于纳谏，有不正确的要及时纠正。随后，他奏上《皇诰宗制》及《训诂》各一卷，想让灵太后充分认识劝诫的裨益。灵太后接到这奏章让百官讨论，终因百官意见不一而没有实施这一举措。

当时，四中郎将兵少力寡，保卫京师则略显薄弱，于是元澄建议以东中郎将带管荥阳郡，南中郎将带管鲁阳郡，西中郎将带管恒农郡，北中郎将带管河内郡，并选二品或三品称得上亲贤的官员担任负责人，只有到危急关头才能出动。灵太后开始想听从这个建议，但因反对者的阻挠被搁了下来，虽然元澄后来又再三请求，但最终未被采纳。

自从孝文帝迁都洛阳并深入推行汉化后，鲜卑族原来的北方重镇地位逐渐降低，镇守兵将的身份也日趋卑微，镇将的选拔更是不受朝廷重视。元澄担心边贼会乘虚进入魏境，造成严重的后果。于是他建议太后要认真选拔重镇将帅，让他们大修城防，积极做好战备工作。可是灵太后又一次忽视了他的意见。后来，边境少数民族入侵，一直打到平城，镇将叛逃，入侵的敌兵甚至践踏了魏室山陵。这时大家才想起元澄的忠告，可惜后悔晚矣。

灵太后主持下的北魏政权，政局混乱，官僚腐败，贵族们竞相奢侈，太后自己又热衷于佛事，经常大兴土木，修建无数的寺庙，除了京师中的永宁寺、太上公寺之外，还在外州各造五级佛塔，又频繁举办各种斋会，赏钱动辄数万。百姓劳役沉重，国家财政吃紧，元澄对此忧心不已。于是又上奏太后，先是讲明与南朝关系，说明取外先要内强，图人先要自备的道理，强调要澄清吏治，促进经济，搞好防备，集中一切财力、物力治理国家，然后他又讲大兴土木之害，劝诫太后要积蓄财力。

神龟二年，朝廷的太常卿占卜说"有相死"，还有人梦到任城王元澄家墙毁垣断。不久，53岁的元澄逝世。灵太后除了大量赐丧物之外，还特加殊礼，并亲自送元澄的灵柩到郊外，扶棺悲哭，哀恸左右，文武百官也都哀叹不已。

高　　欢

高欢（496－547），北魏孝武帝朝、东魏孝静帝朝为相。原籍渤海郡蓨县（今河北景县）人。世居怀朔镇，为兵户，是鲜卑化的汉人。高欢为相16年，调和紧张的民族关系，缓和统治集团的内部矛盾，为北齐的创立奠定了基础。

广交豪杰　拥兵自重

年轻时的高欢，不仅目光精湛、仪表堂堂，而且性格深沉、轻财重士，所以当时的豪侠都十分推崇他。辽西镇将段长常也对他说："你有济世之才，终不会空度此生。"还把自己儿孙的将来托付给高欢。

一次高欢去洛阳回来，便将家产全部变卖以结交豪杰。亲戚对他的举动感到很奇怪，他却说："我这次去洛阳，见羽林军纵火焚烧领军张彝的住宅，朝廷却因害怕发生动乱，对此不闻不问。从这件事就可以知道以后将要发生什么事了，身外之财还能守得住吗？"从此之后，高欢便立志要平定天下。

北魏孝昌元年（525），柔玄镇人杜洛周在上谷造反，高欢与一些志同道合的朋友投奔了他。但时过不久，高欢就不满意杜洛周的行为，于是他不辞而别投奔了葛荣。不久，他又归降了尔朱荣。尔朱荣见高欢举止不凡，便与他密谈，高欢便劝尔朱荣乘乱兴兵，以图霸业，尔朱荣也深以为是。

尔朱荣已经视高欢为自己的亲信。尔朱荣进入洛阳杀了灵太后，就想自己称帝，高欢想阻止但又怕他不听，于是就请用铸像之法占卜吉凶，结果不利，尔朱荣只好打消了篡位的念头。

有一次，尔朱荣问手下人："假如有朝一日没了我，谁可以主持军队？"大家都说是尔朱兆，尔朱荣却说："只有高欢一个人可以代替我。"他告诫儿子尔朱兆说："你绝不是高欢的对手，也将被他儿子所挟持。"为了排挤高欢，尔朱荣就让高欢去担任晋州刺史。没过多久，尔朱荣就被孝庄帝杀了。

尔朱兆命高欢和自己一起起兵赴洛阳，高欢找了一个借口没有随尔朱兆去洛阳。事后，他对人说："现在尔朱兆已经是国家的叛逆了，他的命令我不能再听了。"此后，尔朱家族各自拥兵为暴，百姓纷纷起义。此间，六镇起义虽被镇压下去，但20多万流民聚在一起，暴动随时可能发生。尔朱兆为此忧心忡忡，便与高欢商量。高欢此时正想利用流民建立一支自己的生力军，便劝尔朱兆选一个亲信将领统帅这批流民。尔朱兆认为这是个好办法，但又不知让谁担任他的首领。贺拔允在旁插嘴说："高欢可当此任。"高欢闻听此言，假装大怒，一拳把贺拔允的牙齿打落。尔朱兆见此，便以为高欢确实忠诚于他，于是就让高欢去统领流民。得了这批流民，高欢更是如虎添翼，尔朱兆对他也动弹不得了。

控制朝政　奠基北齐

不久，高欢率军进入山东，他养士缮军，禁兵侵掠，深得百姓拥护。此后，高欢兵威大振，所向披靡。没过多久，他就与尔朱兆公开决裂。北魏普泰二年(532)四月，高欢进入洛阳，杀节闵帝，另立平阳王元脩为孝武帝。同年，孝武帝晋高欢为大丞相、柱国大将军、太师。高欢至此取得了北魏一切军政大权，孝武帝实际只是一个傀儡皇帝。不久，高欢又任大丞相、天柱大将军、太师，世袭定州刺史，增封并前15万户。高欢辞天柱大将军，减户5万。

同年七月，高欢率师北伐尔朱兆，并于第二年正月，利用尔朱军岁首宴会的机会，大破尔朱兆。尔朱兆走投无路，自缢身亡。高欢用厚礼埋葬了他。在此期间，孝武帝与高欢的矛盾逐渐公开化。不久，君臣之间便兵戈相见，孝武帝当然不是高欢的对手。天平元年(534)，孝武帝逃向关中，投靠宇文泰。高欢另立年仅11岁的元善见为东魏孝静帝，从此北魏分为东西两国。高欢把首都从洛阳迁到邺，史称东魏，高欢控制朝政，掌握大权。

东、西魏之间屡生事端。高欢既要平定内部叛乱，又要对付边疆少数民族的侵扰，因此数年间，他东征西讨，疲于奔命。武定四年(546)，高欢终于病倒在西征途中。

高欢回到晋阳后，世子高澄一直侍奉左右。高欢见高澄总是面带忧色，有一天就问道："你整天忧心忡忡，恐怕不只是因为我的病吧？"高澄没有说话。高欢又问："你是不是在担心侯景会叛变？"高澄实话实说："是。"于是，高欢就将自己对侯景的看法及身后的安排全部告诉了高澄。他说："侯景经南14年，根深蒂固，不是你所能驾驭得了的。我死之后，能够对付侯景的只有慕容绍宗，但我却没有重用他。这是因为我想把他留给你，今后你一定要对他深加殊礼，他因感激你的恩遇，一定会为你所用。"后来，侯景叛乱，高澄果然派慕容绍宗打败了侯景。

武定五年(547)正月朔，日食，高欢说："日食难道是因为我吗？我亦何恨。"当天，高欢死于晋阳，时年52岁。赠假黄钺、使持节、相国、都督中外诸军事、齐王玺绶，兼备九锡殊礼，谥"献武王"。550年，其子高洋称帝，建立北齐，追崇其为献武帝，庙号太祖，陵曰义平。天统元年(565)，改谥"神武皇帝"，庙号"高祖"。

宇 文 泰

宇文泰(507－551)，字黑獭，自西魏建立之时起，一直官居丞相，总揽朝政，为西魏政权的实际执掌者，懂兵法，知人善任，治国有方，为其子建立北周奠定了基础。

生性不凡 武功起家

宇文泰还未出生时，他的母亲做梦梦见自己抱着儿子升上天空，但未及顶便止住了。王氏醒来后把梦境告诉了其夫宇文肱，宇文肱闻之大喜过望，认为即使未到顶也是富贵至极。等到宇文泰长大，他身高体健，须美发长，面有紫光，颇有将相之貌，少有大度，轻财好施，喜欢结交贤士，志向高远，不同凡人。

北魏末年，六镇起义爆发，年轻的宇文泰随父宇文肱参加了鲜于修礼的起义。不久，鲜于修礼为葛荣所杀，宇文泰又成为葛荣的部下。宇文泰认为葛荣终将难成大事，于是偷偷地准备和几个兄弟逃走。不料计划尚未实施，尔朱荣杀死了葛荣并取而代之。尔朱荣早就注意到宇文兄弟与众不同，担心智勇双全的宇文兄弟会成为自己的隐患，不久就找了个罪名杀害了宇文泰的三哥洛生，还想进一步加害宇文泰。宇文泰面临险境，把丧兄之悲痛藏于心底，向尔朱荣慷慨陈词，不仅打消了尔朱荣担心他造反的疑虑和杀人的念头，而且使尔朱荣壮其言，从此对宇文泰敬重有加。后来，宇文泰在贺拔岳手下当部将，两个私交甚好，颇得贺拔岳的赏识和重用。

北魏永熙三年(534)二月，军阀侯莫陈悦以商洽整编部队为名，将贺拔岳骗至驻地并杀死，导致贺部一下子出现了群龙无首的局面。后来，大家一致将宇文泰举为首领。

同年，北魏孝武帝元脩与丞相高欢的矛盾激化。宇文泰乘机率部迎接元脩进入长安，北魏从此分裂为东魏、西魏两个政权。进入长安的元脩以宇文泰有功，任命宇文泰为西魏最高统帅、雍州刺史、尚书令，总揽朝中政治、军事大权。从此，宇文泰开始了辅佐天子、号令天下的权臣生涯。

戎马生涯　治军有方

西魏政权刚一建立就面临着严峻的形势，东有高欢把持的东魏，南有萧梁政权，北部还有蛮族及柔然、突厥等少数民族的侵扰。为了消除劣势，为了巩固政权，宇文泰不得不依靠军事力量。

西魏大统三年(537)，高欢率23万大军进攻西魏。当时，关中正处于天灾之中，百姓饥饿不堪，宇文泰所统领的直属部队人数不到1万人，实力大大逊于东魏。宇文泰深知此时经过长途奔袭的东魏军已是疲惫之师，又因士卒均不愿渡河而战，士气低下，所以他主动出击，大军突至距东魏军队仅仅60里的地方，手下将领无不捏着一把冷汗。宇文泰为鼓舞士气，对手下将士们进行了一次"高欢军远征，必定惨败"的演说。为了进一步了解敌情，宇文泰派士兵乔装成东魏军人，潜入东魏大营探听虚实。不久，双方大战于潼关以西的沙苑，东魏军队大败，丧失士卒8万人，遗弃的铠甲和武器达18万件之多。宇文泰乘胜占据了东魏的河南诸郡。

三年后，东、西魏再次大战。高欢大举围攻西魏军于玉壁，遭到守将韦孝宽的全力抵抗，以致久攻不下，损失惨重，七八万人或战死或病死，几乎消耗殆尽。高欢也在作战中一病不起，于第二年初病死。战斗结束后，宇文泰重重褒奖并提拔了韦孝宽。

在连年征战中，宇文泰总是身先士卒，奖罚严明，而且不贪一己之私，对将领厚爱有加，因此在危难之时总有人冒死相救。当宇文泰接收侯莫陈悦的仓库时，里面的金银财宝堆积如山，宇文泰却分毫不取，全部赏赐给了手下的将领和士卒。宇文泰还处罚了一个偷拿银瓮的亲兵，又将银瓮打碎，分赐给了将士。他将拼死保卫自己却从不表功的一个亲兵，视为儿子。

此时的西魏，饥荒仍十分严重，又经连年征战，社会凋弊动荡。恢复和发展经济成为社会安定、保证战备需要的关键。宇文泰恢复了已被破坏的均田制，使得农民又获得了梦寐以求的土地，获得了休养生息的机会，大大发挥了他们的劳动积极性。同时，宇文泰还放宽了缴纳田租的条件，即丰年全赋，中等之年折半，灾年则为丰年的三分之一。大统十六年(550)，西魏又规定：从条件较好的多丁户中挑选身强力壮的人当兵，并免除他们的租调和徭役负担；在征发徭役时，不使贫户服过重的徭役及到边远地方去戍卫，不准使富户减轻徭役和就近戍卫。

建立府兵制度是宇文泰军事改革的重要措施：中央军事机构设置八个柱国大将军，每个柱国大将军各统领两个大将军，一个大将军统领两个开府将军，一个开府为一军，每军人数在2000人以上。开府下面的军官设仪司、都督等，构成完整的指挥、训练体系。军士由各级领导统率，另立户籍，与民户分开，不担负其他赋役。这样一来，军队的战斗力明显增加，军人也能集中精力投入战斗。宇文泰还吸收汉族的地主武装以缓和阶级矛盾，同时把分散的乡兵纳入朝廷的军事管辖范围，使其成为国家统一武装的一部分。府兵制的建立，不仅改变了东汉末年以来封建势力割据的局面，而且大大强化了西魏统治的权力基础。直到唐玄宗天宝年间，府兵制一直被各朝所采用。

勤修内政　　知人善任

　　宇文泰虽是一个以武功起家的丞相，但在管理内政和吏治方面却是很有一套治国韬略。

　　西魏大统元年(535)，宇文泰颁布了"二十四条"新制，后来又增加到36条，统一称为"中兴永式"。主要内容包括：严禁贪污、裁减官员；设立闾正族正、保长；实行屯田；规定计账法(预算次年徭役的概数)和建立户籍制度等。这些法令，不仅打击了贪官污吏，使朝政趋于清明，而且促进了经济的持续发展。

　　大统七年(541)，宇文泰又颁布了深受群众欢迎的"六条"诏书：一是"先清心"，即要求所有官员清心寡欲，不存私心；二是"敦教化"，即严格推行道德教育；三是"尽地利"，即推广农业，扩大田地面积，种田养蚕；四是"擢贤良"，即摒弃门阀制度，选才"不限资荫，唯在得人"；五是"恤狱讼"，即严禁酷刑，不冤枉善良；六是"均赋役"，即公平劳役和赋税。西魏废帝二年(551)，宇文泰又将腐刑废除。

　　泰州刺史王超世是宇文泰的内兄，因放纵贪财而被宇文泰处死。相反，对于那些奉公守法、清廉做官、为民出力的官员，宇文泰总是大加褒扬。如河北(今山西平陆)郡守裴侠爱民如子，深得百姓拥戴，宇文泰对他也倍加赞赏。有一次，全国各州的官员前来谒见宇文泰，宇文泰乘机叫裴侠站出来称赞一番，还叫各官员中认为和他一样的站出来，官员们面面相觑，纷纷低下头，无人敢应答。从此，为官清正的裴侠从这以后有了一个雅号——"独立君"。

　　废除门阀制，任人唯贤，不看重门第，是宇文泰任用官员的原则。随着政治视野逐步开阔，民族意识逐步淡化，宇文泰比较注重起用汉族官吏，像他手下的高级文官苏绰、卢辩，武将赵贵、李弼、杨忠、王雄等，都是汉人。其中，宇文泰对苏绰的赏识与任用历来被传为佳话。

　　苏绰出身汉族，博古通今，才高八斗，最初时因无人推荐而官职低微。有一次，宇文泰与仆射周惠达讨论政事，周惠达回答不上来，请求稍等片刻。然后他出门找苏绰商议，再入内向宇文泰呈报对策时，宇文泰一听连声叫好。当他知道是苏绰的建议时，即任命苏绰做著书佐郎。而苏绰也没有辜负宇文泰的信任，"六条"诏书就是他协助宇文泰制定的，颇受人们的称道。苏绰殚精竭虑，不幸于大统十二年(546)染上气血不通的重病，死在任上。宇文泰十分悲伤，在祭奠他时放声痛哭，并用一辆布篷车载运他的灵柩回家乡，以彰扬苏绰清白的操守、俭朴的一生。

知人善任、用人不疑也是他用人的风格。宇文测在管辖汾州时，政令精当，宽厚待兵，深受当地人民拥戴。当时的汾州与东魏接界，东魏军队常常过界来抢掠财物，骚扰百姓。宇文测总是以德报怨，不但不殴打被擒的东魏士兵，还设酒招待，赠送粮食，派军队礼送他们离境。这些做法使得东魏士兵非常羞愧，不好意思再来侵犯，边境地区也趋于安宁，汾州与东魏属地的人民之间又开始有了婚丧大事的来往。当他被诬告里通外国时，宇文泰对宇文测十分信任，对事情做了深入了解后，下令将诬告的人斩首。

宇文泰一心治国图强，在乱世之中施展才略，励精图治，勇于革新，巩固和扩大了西魏的统治，其子宇文觉正是以此为基础建立北周并统一北方的。但他也为此耗尽了自己的生命，在西巡途中患病身亡。

高　　颎

高颎(？ － 607)，文帝朝尚书右仆射。字玄昭，又名敏，渤海蓚县人。北齐皇族同宗，汉化鲜卑人。父高宾，曾是北周大司马独孤信的僚佐。高颎辅佐隋文帝杨坚建立隋朝，对朝廷忠心耿耿。隋炀帝杨广即位，将其以不敬不尊等罪名处死。

受知杨坚　镇压叛乱

高颎的祖先原是汉官，因到辽东上任，于是与当地人融合。高颎的父亲高宾是独孤皇后父亲独孤信的门客。高颎自小就喜欢文史书籍，长大后更是有胆有识，能言善辩，精明强干，文武双全。

高颎是独孤信的家客，而独孤信的女儿又是杨坚的妻子，因此高颎与杨坚非常熟悉。高颎17岁之时就步入了北周的中央政权，在对齐的战争中多有功勋，杨坚对他十分器重。

高颎有着杰出的才干，又与独孤氏族关系特殊。周武帝时，高颎便承袭父亲的爵位武阳县伯，并迁升为内史上士，不久又提升为下大夫，后被拜为开府。此时任丞相的杨坚，已经不满足于总揽朝政，更打算取代周室，于是他开始招揽人才，培植党羽。杨坚看中了他，在密谋取代北周帝位之前派心腹与他面谈，他欣然接受杨坚的招纳，并对杨坚表达自己愿意追随他，即使事败全家被杀也情愿的决心。于是杨坚让他在丞相府担任司录，官虽不大，却很被重用。

周宣帝驾崩，静帝继承王位，因为他时年仅7岁，杨坚便以外戚的身份"受命"辅佐朝政。此时，他的篡周之心昭然若揭，引起了部分忠贞之士的反对。相州总管尉迟迥的反叛给杨坚造成了巨大的压力。杨坚心腹崔仲方、刘防、郑译均不敢赴前线任监军，形势危急至甚，高颎自告奋勇接受使命。

高颎到达军中，根据事实对将官进行升黜奖惩一番，由此军心大振，形势迅速改观。原来韦孝宽的军队停顿在沁水的西边，以胆怯、观望的架势临敌。为了改变形势，高颎命令立即造桥渡河。他估计到敌人会从上游以火烧桥，乃预先防备，使敌人的破坏未能得逞。大军过后，效仿古人破釜沉舟、背水列阵的故事，烧掉新造的桥，以示决一死战。随即深入敌境，与宇文忻、李询等人商量，设策以破敌军。尉迟迥据守邺城，军威正盛。那时，两军对阵打仗，旁边往往有许多老百姓观看。这次宇文忻征得高颎的同意，先挥军攻入旁观者人群，由此引起旁观者人群大乱，宇文忻乘机大呼："敌人被打败了！"于是，尉迟迥大军受到4万逃散人群的冲击，队伍大乱。高颎、宇文忻等挥军乘势攻入邺城，尉迟迥大败而逃。

最后，走投无路的尉迟迥自杀。当高颎凯旋回朝之时，杨坚高兴至极，加封高颎为柱国、相府司马，封其为义宁县公。

改革旧制　平定南陈

581年，杨坚废周静帝，建立隋朝，改元开皇，史称隋文帝。高颎高居相位，被拜为尚书左仆射、纳言，封渤海郡公，权倾一时。

高颎任相不久，便与苏威等人对北周遗留下的旧有的政治体制进行了一系列的改革。他们首先从重新修订北周的法律开始。他们所修订的法律，不仅为隋朝所施行，而且亦为后世所沿用。针对税赋过重这一弊政，他们提出减税的主张；同时请文帝下诏检查户口，以防止偷漏赋税。高颎提出的"输籍法"，凡民间赋税皆记其数于籍账，使州县长吏不得随意增加减少。此外，高颎还主持兴建了新都大兴城，大大加强了对北方突厥强族的防御。

文帝在高颎等人的辅佐下，国家政局安定，经济和文化也得到了迅速发展。随着隋朝综合国力的大大增强，隋文帝便着手开始统一大业。

开皇元年，在高颎的推荐下，文帝派贺若弼为吴州总管镇广陵，以韩擒虎为

隋文帝杨坚

庐州总管镇庐江，要他们筹划平陈之事。次年。任命高颎为总指挥进行试探性南征。兵出之后，陈宣帝死讯传到，高颎以"礼不伐丧"为理由停止进攻，班师回朝。

不久，他又接受处理萧岩叛乱后带来的属民。高颎主张隋朝与陈通使以礼相待；抓到陈朝的间谍都是发给衣服，客客气气地将他们送回。文帝问高颎平陈的具体策略，高颎说："由于气候原因，江南要比江北收获较早。在江南收获季节，我们稍稍集中兵马，扬言要出战江南。这自然会使他们屯兵守御，从而收获的时间就会被耽误。当他们集中军队时，我们就解散军队，反反复复地这样干，他们必定习以为常，从而麻痹大意起来，然后我们再调集军队，乘他们犹豫之际，乘机渡江，登陆作战，我方定可一鼓取胜。况且江南土质不好，房子都是竹子茅草做的，所有积藏都不是在地窖里。我们秘密地派人过去，乘风放火，如再修复，则再烧之。如此反复几年，必将耗尽他们的财力。"杨坚按照他的设想去做，果然收到理想的效果。

开皇九年，隋朝分三路大军攻陈，晋王杨广、秦王杨俊及杨素为各路元帅，统归杨广节度。此时的高颎是晋王府长史，掌握着实际的指挥权。东路大军将领贺若弼早有准备，他卖了五六十艘旧船，给陈军造成了近期隋军不会大举进攻的错觉，松懈了陈军的斗志。贺若弼下令江防军人，每接防之时，一定要到广陵集中，并且大张旗鼓，营房帐幕遍于田野。陈军最初看到这种情景以为是隋军要渡江，就急急忙忙准备抵御，结果发现隋军是换防，就习以为常，不加警惕了。贺若弼又经常派兵沿江狩猎，人马喧嚣，如此反复，也使江南陈军逐渐麻痹起来。结果是贺若弼由广陵渡过长江时，陈军还不知道。与此同时，另一支军队在韩擒虎的率领下也渡江到了采石。很快，隋军攻入建康，抓到了后主陈叔宝，陈朝灭亡，隋朝基本上统一了全中国。

高颎在平陈之役中，功劳是非常明显的。所以在一次宴会上，文帝说："高颎平定了江南，虞庆则使突厥降服，可以说是功勋卓著啊！"

受诬失宠　直言被杀

高颎功高盖世，受到朝中官员的嫉妒，说他图谋不轨的谣传时有发生。好在隋文帝非常信任高颎，不仅将那些告密者尽皆杀掉，而且还并好言安慰高颎，并亲授他为上柱国，封齐国公。

君主的厚遇和高度评价，并没有使颎高得意起来，相反，他却是更为谦虚，对隋文帝也更加由衷地感激。但即便如此，依然没能逃脱位高权重之人的诋毁陷害。

隋文帝皇后独孤氏特别善妒，她不准文帝接触任何后宫的妃嫔。尉迟迥有个女儿长得很漂亮，因为父罪被没入后宫。一次，文帝见到她，很是喜爱。此事被独孤氏知道后，愤恨之心促使她在文帝上朝之时将她杀死。文帝得知大发雷霆，骑马跑出皇宫，一下跑出了20多里。高颎、杨素等人随后追赶，抓住文帝的马缰苦谏。高颎说："皇上你怎么能够因为一个妇女而轻易地丢开天下呢！"文帝听了这句话，情绪稍稍和缓了些，直到深夜才回宫。高颎、杨素双双从中斡旋，文帝、皇后二人才算言和收场。

事情虽然不大，但却给高颎埋下了祸根。高颎本是独孤氏的家客，独孤氏与他一直来往密切。但自从他说独孤氏是一个妇女之后，独孤氏就怀恨在心，不与他来往了。

高颎的女儿嫁给太子杨勇为妃。杨勇由于喜好奢侈、亲近女色，文帝与皇后渐渐不再宠爱于他，还打算废其太子之位。文帝在向高颎征求意见时，高颎就以"长幼有序"相劝，文帝则认为高颎是为谋己利，有意袒护亲家。后来，高颎的夫人去世，文帝夫妇打算帮他再娶一位。谁知被高颎却婉言谢绝，说自己退朝只读佛经，而无心再娶。文帝很是高兴，独孤皇后却不然。她听说高颎的一个小妾刚刚产子，另一小妾正在怀孕，所以就对文帝说高颎不愿意娶妻是在欺骗皇上。从此文帝对高颎就更加疏远了。

开皇十八年(598)，文帝打算征讨辽东，高颎坚决不同意，但在文帝的一再坚持下，只好出征。后因疾疫流行，军队人马十之八九病死，无功而返，独孤皇后于是趁机在文帝面前中伤高颎。这次统军主帅名义上是汉王杨谅，高颎则掌握实际指挥权。高颎为人耿直，自觉责任重大，常常以大局为重不避嫌疑，对于杨谅的意见也多不采纳。杨谅恨透了他，返京后在皇后面前告状说："儿万幸没有被高颎杀掉。"不经调查分析的文帝信以为真，对高颎更为不满。

隋军攻入建康之时，在枯井中活捉了陈后主的宠妃张丽华。身兼统帅的杨广因为迷恋张丽华的姿色，想将她纳为己有，便派高颎之子德弘前往建康要求留下张丽华。不料想，高颎得知后勃然大怒，引用古训阻止说："武王灭殷，杀了妲己。今平陈国，不宜娶张丽华！"怒斥杨广并将张丽华斩首。此事招致了杨广对高颎的记恨。

杨广与独孤皇后认为要废掉太子杨勇，必须先得除掉高颎这把太子的保护伞。所以杨广和独孤皇后都意图用谣言来打倒高颎，这是他们母子共同联合的阴谋，那些在朝中诋毁高颎的人只不过是替他们传话而已。

604年，晋王杨广弑父杀兄，夺得帝位，史称隋炀帝。炀帝起用高颎为太常卿。此时，高颎仍像原来一样恪尽臣道，见有不正确的地方，就直言不讳。很快又招致炀帝对他的不满。大业三年，杨广以诽谤朝政罪将其连同宇文弼、贺若弼一起杀死。

杨　素

杨素(? —606)，文帝时任尚书令。字处道，弘农华阴(今陕西华阴)人。杨坚废周建隋，杨素受到重用，为隋统一全国立下了汗马功劳。

不凡少年　渡江灭陈

杨素祖父杨暄，在北魏时任辅国将军、谏议大夫。父亲杨敷，做过北周的刺史。杨素胸怀大志，且相貌堂堂、气宇轩昂，有英俊的外表。杨素喜欢钻研学问，涉猎很广，不仅擅长书法，文章也十分优秀。

出身将门使杨素有了练武的充分条件，他终日里刻苦练功，逐渐练就了一身好武艺，为他日后纵横疆场、南征北战奠定了坚实的基础。

周武帝之际，杨素的父亲杨敷以身殉职，却未蒙受朝廷的恩命。杨素为父亲鸣不平，上表陈述道理。在没有回音的情况下，接二连三地上表，最后引得周武帝勃然大怒，命人将他推出斩首。杨素毫不畏惧，临死求见周武帝说："我侍奉的是无道天子，因此才遭到了杀戮！"周武帝被杨素为父叫冤的慷慨英雄之气所感动，不但免了杨素一死，还追赠他父亲大将军的赠号，并加封杨素为车骑大将军、仪同三司的高职。

在杨坚身为丞相之时，杨素就受到了杨坚的器重，并结交深厚。杨坚受禅为隋文帝，加杨素上柱国。隋文帝开皇四年(584)，拜御史大夫。杨素妻郑氏性格骄悍，杨素气愤地对她说："我假如做天子，你一定不配做皇后。"郑氏上奏朝廷，说杨素有篡逆之心，杨素因而被免官。

隋文帝决意征讨江南时，重新起用杨素。杨素多次陈述攻陈的高超计谋，在大军出发平陈之前，杨素又献上一计，使得隋文帝非常满意，于是封他为信州总管，主持这一防区的军事重任。

杨素驻扎永安，造了许多大舰船，取名叫五牙，上面再起楼5层，高百余尺，左右前后设置6根桅杆，各高50尺，每舰可容战士800人，舰上旗帜飘扬，次等的取名黄龙，每舰可容兵卒100人；往下有平乘、舴艋等战舰。到大举伐陈时，以杨素为行军元帅，率领战舰驶向三峡。陈朝将领戚欣以青龙舰百余艘，屯兵数千人，驻守狼尾滩，打算拦截住隋军。

杨素

杨素说:"此次战斗,关系全局成败。假如白天出发,他们能看得见,滩流迅猛,舰船不由人控制,我们就会失利。"于是以夜色为掩护,杨素亲自率黄龙数千艘,令战士口中衔枚悄悄而下,派遣勇士领步兵从南岸攻击戚欣别栅,令大将军刘仁恩率骑兵向白沙北岸进发,并在天亮前发起总攻,大败戚欣。之后,又下令慰劳陈军俘虏,后释放,陈人很高兴。杨素率领水军东下,船舰布满江上,旌旗兵甲和阳光交相辉映,十分壮观。

杨素坐在平乘大船上,陈人望见称之为"江神"。陈守江大将从北岸凿岸石,系铁索三条,横截上流,以阻止战船通过。杨素和刘仁恩登陆,共同发兵攻破陈军营栅,除去所设铁索。陈水军大将吕仲肃又占据荆门的延州,结果也被杨素大败,吕仲肃单身逃脱。后主陈叔宝遣信州刺史顾觉镇守安蜀城、荆州刺史陈纪镇守公安,他们都因惧怕杨素而退走。巴陵以东,没有人敢据守。

杨素顺流而下至汉口,和秦孝王杨俊会合,最后攻灭陈朝。杨素得胜返朝,拜荆州总管,进爵郢国公,食邑3000户,并食长寿县千户。并封杨素之子杨玄感为仪同、杨玄奖为清河郡公,赐绢千匹,粟万石,加以金宝,又赐陈后主的妹妹和女妓14人,封越国公。后又封为纳言。

南平叛乱　北战突厥

隋朝虽征服了陈朝,但并未征服江南人的人心。江南士族地主土豪纷纷起兵作乱,自称大都督或皇帝,拥兵自重,大肆杀害地方官吏。为了镇压地方豪强势力,隋文帝任命杨素为行军总管,率领军队南下征讨。

杨素首先率领舟师从扬子津进攻,击败了自封徐州刺史的朱莫问。然后又击败晋陵的顾世兴,活捉其都督鲍迁。进而攻击无锡贼帅叶略,又将他平定。吴郡沈玄、沈杰等以兵围苏州,刺史皇甫绩连战不利。杨素领兵救援,沈玄为势所迫,走投南沙贼帅陆孟孙,杨素击败并生擒陆孟孙和沈玄。浙江叛帅高智慧自号东扬州刺史,倚仗船多将猛,占据险要对抗朝廷。杨素经过一天的艰苦奋斗终于将其击败。高智慧逃奔入海,杨素紧追不放,高智慧又战,杨素又把他战败,擒获数千人。汪文进自称天子,占据东阳,命他的同党蔡道人任司空,守乐安。杨素进计,都一一平定。后又击破永嘉贼帅沈孝彻。继而追击逃之贼寇,几乎战无不胜。

隋文帝认为杨素长久劳累在外,诏令还朝,加杨素为上开府,赐彩绢3000段。杨素以为余贼未灭,恐为后患,又自动请行。文帝诏令杨素为元帅,全权负责东面军民所有事务。杨素再次乘胜到会稽。在这之前,南安豪族泉州人王国庆杀刺史刘弘,据州为乱,各处亡贼都去归附。王国庆自以为北方人不习惯水路,所以没有设兵防卫。杨素率舰船从海上来到,王国庆慌张仓促之间弃州而逃,余党散入海岛,或守溪洞。杨素秘密令人告诉王国庆说只有交出高智慧，才可能得到赦免。于是王国庆捕高智慧送交杨素，斩于泉州。余党都来归附，江南大定。隋文帝遣左领军将军独孤陀到浚仪迎接和慰劳杨素。到京师，文帝对杨素大加赏赐，又让杨素代苏威为尚书右仆射，与高颎专掌朝政。

开皇十九年(599)，突厥达头可汗犯隋边境，隋文帝派杨素为云州道行军总管，出塞讨伐。以往，为了阻遏突厥凶悍精锐的骑兵，隋军一般采用方阵来对抗。所谓方阵，即用兵车和其他障碍物结成四面防御的屏障，步兵持长兵器在兵车上下迎战，骑兵置于方阵中央。隋军曾多次用方阵进攻达头可汗，都打成平手。杨素以仅能防御不能取胜为由摒弃旧法，令部队采用骑阵，并亲自演练部队。达头可汗听说隋军不用方阵，非常高兴。开战之后，杨素先派部将率领一部分精锐部队出列迎战，随后抓住战机，指挥骑兵主力部队向突厥可汗突然猛攻，敌人措手不及，被杀得抱头鼠窜。达头可汗也身负重伤，领兵远逃。

杨素作战之前，对犯有军令的人都毫不留情地处死；每次迎战，故意寻找士兵的过失，借口杀戮，最多时能杀百余人，少的时候也有十几个人。两军对阵，杨素往往派一二百人做先锋，如不胜而回就全部杀掉；再派二三百人打前锋，不胜照杀不误。将士们深感恐惧，但不敢反抗，所以作战英勇，战无不胜，攻无不克。同时，对那些跟随他南征北战的将士，杨素都能做到有功必赏，因此尽管为人严厉凶狠，大家还是愿意跟着他。

贵宠无比　谋立太子

后来，文帝命令杨素负责监造仁寿宫，杨素就平山填谷，监督甚严，以致使许多工匠死伤。等到宫室建成，隋文帝命高颎去观看，高颎回来奏称过于华丽，工匠死伤太多。隋文帝心中不高兴，杨素忧惧，没有办法，即于北门启奏独孤皇后说现在天下太平，没必要节省费用。皇后也劝文帝，文帝不高兴的心情才得以消除。于是赐杨素钱百万，锦绢3000段。

此时，贵宠无比的杨素根本无心关注朝政，而是把更多的精力用于权力与私欲之上。为了巩固自己的地位，他任人唯亲、结党营私、排斥异己，他的弟弟杨慎，堂叔父杨文思、文纪，及族父杨异，都是尚书列卿。诸子没有汗马功劳，也都位至柱国、刺史。家僮、妓妾不仅众多且衣饰华贵。府第可以和皇宫相比。炀帝杨广刚为太子时，忌妒蜀王杨秀，和杨素一同谋划，诬构成罪，杨秀后来因此被废黜。朝臣有违忤他的意见的，虽然至诚体国，如贺若弼、史万岁、李纲等，杨素都暗中陷害他们。而那些能迎合他或有亲戚关系的，无论才能与否，都能升官，因此朝臣没有不畏惧而依附于他的。只有兵部尚书柳述，因是文帝之婿，屡次当着文帝面挫折杨素。大理寺卿梁毗上表说杨素作威作福，文帝渐渐疏忌杨素，让他只三五日到尚书省一次议事即可，实际上夺了他的权。文帝仁寿末年，不再让杨素通判三省之事。文帝要王公以下比试射箭，杨素第一，文帝亲手把外国所献价值连城的金精盘赏赐给他。仁寿四年(604)，从幸仁寿宫，宴赐贵重物品极多。

杨素虽然是文武全才，但在国事上却表现得公少私多。杨勇被立为太子之后，杨广在独孤皇后的支持下一心想取代他。于是朝廷围绕废立太子一事争论不休。杨广通过粉饰，获得母后的欢心，获得隋文帝的宠爱。同时为了争取朝臣的支持，他放下架子，百般讨好作为百官之首的杨素。杨素自然深知其意，为日后能够享受到荣华富贵，他也站到了废太子的一面。他想一旦杨广被立为太子，那他就是最大的功臣，将可在隋文帝百年之后，依然大富大贵。为废掉杨勇，他积极奔走，在隋文帝面前大肆用谗言中伤杨勇，用谎言美化杨广。年迈昏聩、不辨是非的隋文帝被杨素的话所迷惑，更加讨厌太子杨勇，并最终决定改立太子。

杨素的计谋得逞，于是隋炀帝登上帝位。杨素因立新君有功，拜杨素子万石、仁行，侄玄挺，都为仪同三司。赐物5万段，绮罗千匹。炀帝大业元年(605)迁尚书令，赐东京甲第一区，物2000段。不久拜太子太师，其余官衔如故。前后赏赐不可胜计。第二年(606)拜司徒、改封楚公，食2500户。

杨素晚年参与了平杨谅之战，出谋划策，居功至伟，因此特别为炀帝所猜忌，表面上待遇特别隆重，实际上内情很薄。杨素有病之日，炀帝虽然命御医给他诊候，还赐给上等药物，但同时又偷偷问医生杨素什么时候可以死。杨素也知道自己名位已极，不肯服药，也不好好休养，不久，便一命归天了。

裴　寂

裴寂(570－632)，唐高祖时任尚书左仆射、司空。字玄真，蒲州桑泉(今山西临猗东南)人。隋末，裴寂用晋阳宫所藏米粮、铠甲、彩帛等支持李渊称帝。是有功于李唐王朝的建立的少数几个宰相之一，深受唐高祖李渊的恩宠。

结识雄主　推波助澜

裴寂出生于北周王朝的一个显贵家庭。其祖父裴融官至司木大夫，其父裴孝瑜任北周绛州(今山西闻喜等县)刺史、仪同大将军，品列九命，相当于唐代的从一品，地位很高。父亲死后家道中落，裴寂当时还很幼小，便由几位兄长抚养。

隋朝建立后，14岁的裴寂开始步入仕途，补任河东郡主簿，司职文书。几年后，裴寂长大，眉清目秀，英俊威武，被征入隋廷做亲卫，成为一名低级侍卫。他对工作兢兢业业，在这个职位上干了20多年。

隋仁寿四年(604)，文帝驾崩，晋王杨广承嗣大位，是为隋炀帝。不久，裴寂入京任殿中侍御史，纠劾非法。隋炀帝末年，裴寂奉命出任晋阳宫副监。晋阳(今山西太原)地理位置十分险要，历来都是中原抵御北方少数民族侵扰的军事重镇。晋阳行宫除容纳一批供隋炀帝巡幸时玩乐的宫女外，还是府库所在地，兵、甲、粮、帛及其他财物堆积如山，以备军用。裴寂身为副监，职位虽只与七品县令相当，但却为实权人物。

在太原的官场酬酢中，裴寂结识了晋阳县令刘文静。刘文静也是北周贵裔，他风度翩翩、谈吐豪放、满身义气，尤其是才华横溢，谋略过人。动乱的时局加上他个人的气质，再加上他也对结识裴寂这位握有宫库实权的同僚兴趣浓厚，因此，两人常把酒对月，交情与日俱增。

隋大业十二年(616)，农民起义军甄翟儿进逼太原。隋唐国公李渊奉命南下镇压，率军进驻太原。接着，李渊被任命为太原留守兼晋阳宫监。这样，李渊成为了太原这个军事重镇的核心人物和保境安民的军事支柱。其实，裴寂早在长安任职时，就与这位关陇豪门出身的社会名士熟识，他们虽名位悬殊，但因意气相投、志同道合，所以两人常常在一起宴饮、弈棋。为让这位上司高兴，裴寂竟胆大包天，暗中挑选了行宫中的数位宫女送给李渊享用。此后，他俩私交更笃，过往更密。

而此时的农民义军风起云涌，大隋王朝已处于风雨飘摇之中。驻守太原的隋朝名将李渊的次子李世民正秘密准备举兵反隋，只因担心李渊不同意，所以迟迟没有起兵。此时任晋阳令的刘文静深知裴寂与李渊关系甚好，所以刘文静就建议李世民通过裴寂来说服李渊共图大业。

为了笼络裴寂，李世民以博奕的方式让裴寂赢了很多钱，裴寂得了钱之后，心中自然畅快，每天都和李世民闲游在一起。一天，李世民乘裴寂正玩在兴头上，就将准备举兵反隋的事告诉了他，裴寂当即许诺支持。根据李世民之意，裴寂寻机对李渊说："二公子私养兵马，企图起兵，谋建大业。我用宫女侍奉过你，一旦事情暴露，会祸及自身。"这句话对本就有了不臣之心的李渊起了很大作用，李渊立即同意起事。

经过一番周密准备，大业十三年(617)六月十四日，李渊传檄各州、县，宣布起义，并设置大将军府的起义机构。裴寂虽然没有参予准备工作，也不是首倡起义之人，但他交出了晋阳宫库中的9万斛米、5万段绢帛、40万领铠甲等物资以供军用，同时还把晋阳宫中的500名宫女悉数送去服侍李渊。这样不仅讨得了李渊的欢心，而且也为刚刚建立的政权提供了充足的物质

隋炀帝·杨广

资源。由于在附义的原隋朝官员中，裴寂资望最高，又有当京官的经验，李渊便任命裴寂为大将军府长史，总理府务。而积极倡议、出谋划策的刘文静则被任命为军司马，总理军务。

恩宠有加　谗言杀勋

李渊登上皇位，非常自得，自认为门第高贵，无愧于皇帝的位置，也认为以裴寂的门第才配当他的宰辅，于是就把裴寂的女儿聘给他的儿子赵王元景。如此一来，裴寂便成了皇亲国戚，身份更加荣耀。

李渊即位后，裴寂任尚书右仆射，成了开国宰相。李渊对裴寂可谓宠爱有加，待之甚厚，全朝文武百官，无出其右。据史书记载：李渊赏赐裴寂珍宝无数，每天赐御膳；裴寂上朝，李渊必引他与自己同坐，进后宫也在卧室促膝长谈；对裴寂的话亦一概听从。

唐武德二年(619)六月，割据势力刘武周派遣其部将黄子英、宋金刚频频进犯太原，唐军屡战屡败，即位仅一年的唐高祖李渊为此忧心如焚。裴寂主动请行，遂为晋州道行军总管，率军抵御刘武周的军队。行军到介休，扎营于度索原，因水源被切断，便移营去有水的地方。宋金刚趁机纵军来攻，裴寂溃败，几乎全军覆没。经过一天一夜的疾行，裴寂逃至晋州(今山西临汾)。晋州以东的城镇已陷落，宋金刚继续进逼绛州。裴寂上表谢罪，唐高祖李渊慰勉他，让他镇守河东之地(今属山西)。裴寂是靠献物起家，其实能力很有限，不配作将帅，他的举动并没有镇守住驻地，反而使百姓惶恐不安，人心思乱。十月，夏县(今属山西)人吕崇茂聚众自称魏王，并寻求宋金刚支援，举兵反唐。裴寂率兵前往攻打，被吕崇茂击败而归。唐高祖把裴寂召入朝，责备道："你的兵力足可以破敌，却一败涂地，不有愧于我吗?"李渊知道他才能有限，所以也没有多加怪罪，依然对他宠爱如初，每次出巡仍让他留守长安。

李渊对裴寂如此恩遇，引起了元勋刘文静的不满。晋阳起兵，是刘文静先定非常之策，再与李世民周密策划部署的结果。为了拉裴寂入伙，刘文静费尽口舌，还让李世民输了数百万钱。太原起兵后，刘文静屡立战功。李渊称帝后，又随李世民出征陇右，攻打要同李渊一较高低的"西秦霸王"薛举。他的职位是用他自己的真本事获得的，而裴寂在起兵后并没有多大的贡献反而如此受宠，自己真是于心不甘。武德二年(619)初，刘文静从镇守地长春宫回京师，看到裴寂势焰无比，一腔怒气便撒在裴寂身上。一天，他和弟弟刘文起一起喝酒，想想自己的遭遇，他再也控制不住了，拔出佩剑砍在堂柱上，狠狠地说："我要杀了裴寂那小子!"恰巧他的话被一个失宠的小妾听到，并透露了出来。李渊闻讯，大怒，立即下令逮捕刘文静，并命裴寂和中书令萧瑀审理。

李渊杀气腾腾地对大臣们说："文静之言，分明是要谋反！"朝中大臣纷纷为刘文静说情，李世民也极力保护刘文静。但在这关键的时刻，曾经是刘文静的好友的裴寂却密奏李渊说："文静才略过人，但为人阴险，做事不计后果。说的这些话，已暴露了他谋反的心迹。现在天下未定，外有劲敌，若赦免了他，必定后患无穷。"裴寂的话正对了李渊的胃口，所以就下令诛杀刘文静及其弟文起，还将其家人没为官奴，家产充公。李渊究小过而杀元勋，固然与他对刘文静的疑忌有关，但裴寂的巧进谗言，则起了推波助澜的作用。

高祖宠臣　太宗免官

武德六年（623）四月，裴寂迁任尚书左仆射，唐高祖赐宴于金章殿。裴寂叩头谢道："臣跟陛下从太原至今，全仰皇上恩惠。现在四海平定，唯愿赐我还乡一死吧。"唐高祖听后泪下沾襟，道："我与你要一起变老，你为台司（宰相），我为太上皇，逍遥快乐，岂不美哉！"从此以后，唐高祖每日都要差遣一位尚书员外郎在裴寂府中值班，裴寂真的是位极人臣。

裴寂除掉了刘文静，自认为再也没有人能让他失去所得到的一切。但他错了，因为他得罪了李世民，这为他日后被免官埋下了隐患。李世民与刘文静交往很深，曾极力营救，但却被裴寂一席话打破了希望，他恨透了裴寂。另外，裴寂与父皇狎昵，贵妃经常宿留在裴府，他们君臣二人目无纲纪，又令高祖沉溺于酒色，怎么能不令李世民气恼？再说，李世民当然不会忘记当年以数百万钱才把他拉过来这一老账。

唐太宗李世民即位后，贞观三年（629）正月，有一个沙门法雅，开始受恩宠出入两宫，后来失宠就十分不满，口出妖言。兵部尚书杜如晦审问他时，他却说裴寂知道这一切。于是，裴寂被免去官职，遣回乡里。

回家后不久，有个叫信行的狂妄之徒对裴寂的家僮说："裴公有天子的名分。"信行死后，家僮又把这话说给了裴寂的家奴恭命，恭命就汇报给裴寂。裴寂听了怕得要死，让恭命去杀那个家僮灭口，恭命不忍，偷偷把那人放跑了。不久，恭命失职被裴寂治罪，恭命便向李世民揭发裴寂那件被传来传去的事。于是，裴寂被流放交州（州治宋平，今越南河内）。后李世民念他老迈，又改流放静州（今属四川）。

裴寂去流放地不久，当地羌人发动叛乱。有人传言说羌人劫走了裴寂，让他当了首领。李世民不信，不久果然传来消息说裴寂率家僮平定了叛乱。李世民想到裴寂的确为唐朝的建立立过功勋，便征他回京师。但在诏书颁达时，裴寂已经病死，享年60岁。

刘 文 静

　　刘文静(568－619)，字肇云，彭城(今江苏徐州)人，追随李渊太原起兵，是唐朝的开国元勋。唐建国后出任纳言、尚书右仆射，后因兵败免职，不久遭裴寂谗言被杀。

首倡义举　献策劝反

　　刘文静其祖父刘懿曾官至北周石州刺史，父刘韶在隋朝为将，战死疆场，被隋朝廷追赠为从四品的上仪同三司。刘文静以死难者之子的身份承袭了爵位，得以步入仕途。大业末年，年届半百的刘文静出任晋阳县令，他身材魁梧，器宇轩昂，能言善断，谋略超人。

　　隋朝末年，社会急剧动荡，群雄纷纷而起。当时，山西一带也有起义军活动，太原作为屯兵重镇自然吸引了周围不少的逃难人群。作为晋阳县令，刘文静纵观天下形势，认为改朝换代已是大势所趋。他一方面借安抚难民之机，了解各地情况；一方面广交志士，坐观天下变化，等待时机。

　　大业十二年(616)，隋朝廷任李渊为太原留守。李渊出身名门，手中握有数万雄兵，又在山西镇压义军、于北突厥的战斗中又打了几个胜仗，一时在太原一带成为众望所归的人物。于是刘文静便依附了李渊。此时，李渊认为反隋的时机还未成熟，所以对待刘文静比较冷淡，只是旦夕与刘文静的挚友裴寂花天酒地、弈棋为乐。就在刘文静略感失望之时，一天，刘文静到太原留守府公干，与李渊的二公子李世民结识了。李世民久蓄反隋以争夺天下之志，正苦身边无出谋划策之人。两人一见倾心，论及天下形势，一番交谈后，刘文静语中也露出反隋心迹。李世民慧眼识珠，认为他正是自己要物色之人，但顾忌刘文静的七品县令身份，初次相交，他并没有挑明自己的雄心壮志。

　　不久，刘文静因与李密有姻亲关系受到牵连，被关入太原郡的大牢。李世民得知后，觉得结恩于刘文静的机会到了。一天，李世民亲自到监狱中探视刘文静，并带去了一些银两和酒菜，以表慰问。刘文静大喜，对李世民说："天下大乱，非有刘邦、刘秀之才不能定天下。"李世民说："我来非别，特来与君图谋大事，请善筹其计。"刘文静说："隋炀帝正在并南巡游，李密又围困洛阳，如果此时起事，取天下在拱手之间。我为县令多年，如果出来号召能得10万人马，如果去取天下，不

用半年，帝业就可成就"。于是依其计，暗中部署。

要兴兵举事，必须得到李渊的首肯。此时，李渊的态度十分暧昧，使李世民、刘文静非常着急。刘文静劝李世民接近其父亲身边的红人裴寂，同时，自己从中斡旋。此举是两得之策：一者可让裴寂进入密谋圈子，获取晋阳宫的兵甲、粮草，为举义所用；二者可让裴寂打探李渊的真实心理，相机施加影响。于是刘文静就私下里密劝裴寂向李世民靠拢，并夸赞李世民是非常之人；而李世民又与裴寂赌弈，故意输给他数百万钱。裴寂赢了一大笔钱，当然高兴，同李世民等人亲近起来。趁其心情痛快，李世民告之以大事，裴寂遂答应出力。在众人的鼓动下，早已动摇的李渊

唐高祖李渊

终于默许了李世民与刘文静的举义主张，但仍按兵不动，表现出内心的举棋不定。就在这时，突厥人南下侵扰，太原副留守高君雅出战失利，李渊作为主帅受到朝廷追究。刘文静借机晋见李渊，鼓动他起兵造反，李渊也认为刘文静的话有道理，便准备起事。谁知，炀帝赦免李渊的圣旨到了，李渊解除了危难，心中又犹豫起来。李世民一眼识破了隋朝廷的缓兵之计，立命刘文静伪造隋炀帝的诏书，说要征发太原、西河、雁门、马邑等地所有20至50岁的男子当兵，年底要到涿郡集中，准备讨伐高丽，借此激起民众的不满情绪。刘文静为了敦促李渊早做决定，利用裴寂曾献行宫宫女给李渊玩乐之事，恐吓裴寂，裴寂听后恐惧不安，忙进劝李渊速下决心，李渊这才坚定了造反的心，随后设计杀掉了隋炀帝安排在他身边的两个亲信，在晋阳起兵。

出使突厥　平定陇西

李渊建大将军府，刘文静为军司马。刘文静认为突厥骑兵是李氏政权的最大威胁，如果不扫除阻碍，大业难成。而当时像刘武周等叛将都结援于突厥，以壮大自己的声势。李氏父子论兵力，在所有反隋义军中并不具备优势。如果能与突厥联合，不仅可暂时摆脱突厥人的威胁，而且还可以借其力量，威胁隋朝，可谓是个一箭双雕的事情。刘文静此计一出，立即取得了李渊父子、裴寂等决策集团核心人物的赞同。李渊便亲自写信，派刘文静出使突厥，拜见突厥首领始毕可汗，说明举兵的目的是去江都迎回隋炀帝，重新与突厥和亲，恢复开皇时期的政治局面。刘文静来到突厥拜见始毕可汗后，晓之以情，诱之以利："隋文帝废长立幼，导致了今天的大乱。唐公身为皇亲国戚，不忍坐观国家衰亡，所以高举义旗，想废黜不当做皇帝的人。唐公愿同可汗的兵马同入京师，人民、土地归唐，财帛金宝归突厥。"始毕可汗听了，十分高兴，并建议可以抛弃炀帝，取而代之。刘文静归来，与众谋士

力主接受始毕可汗的建议。但李渊认为自己力量还不强大，如果自己首先称帝，怕成众矢之的。最后，李渊同刘文静、裴寂等经慎重磋商，确立了尊隋炀帝为太上皇、另立留守长安的代王杨侑为皇帝的方针。刘文静再度出使突厥，申明此方针，请求兵马支援。始毕可汗便派大将康鞘利率领2000骑兵、1000余匹良马随刘文静来到太原。李渊见刘文静如此能干，就大大夸奖了一番。

由于瓦岗军首领李密在东都洛阳一带牵制着隋军，李渊南下的大军便可以长驱直入。李渊兵分两路：一路由他与次子李世民率主力渡黄河直扑长安，取关中；另一路由长子李建成、刘文静率大将王长谐等攻占潼关及附近的永丰仓，并扼守之，以此来牵制驻守在河东(今山西永济)的隋朝骁骑大将军屈突通，并掩护李渊等率领的主力军。

李渊统帅大军西进后，屈突通命一部守河东，自统数万人西援长安，与刘文静部在潼关相持。刘文静不敢懈怠，据险以守，苦战月余，使屈突通无法前进。当屈突通得知长安已经被李渊攻占以后，便让部将桑显和率部镇守潼关，自己则引兵东向，力图退保东都洛阳。屈突通率部刚离开潼关，桑显和就集中精锐兵力孤注一掷，进攻刘文静，双方展开激战。刘文静等苦战不敌，死伤数千人，只好撤退。面对严峻的形势，刘文静非常镇定。他冷静地判断，桑显和部由败而胜必定会放松警惕，麻痹轻敌。于是他挑选精锐组成了一支奇兵奔袭其后路，通过两面夹击的策略，击败了桑显和。桑显和的失败，使屈突通的主力大部分丧失，只有拼命东逃。刘文静对屈突通穷追不舍，最后终于生擒了他，并俘获万人。潼关之战，不仅确保了李渊父子攻战长安及周围地区，而且从根本上解除了屈突通这只猛虎的威胁，巩固了李渊在关中的地位。虽然河东城仍在隋将手中，但新安(今属河南)以西都控制在刘文静之手。这一战役取得的战果大大超过了李渊的预料，也充公展现了刘文静在军事指挥上的才干。

同年七月，割据陇西的薛举父子侵犯泾川。当时李世民正犯疟疾，刘文静以元帅府长史的身份与之作战。事先，李世民叮嘱："若来挑战，慎勿战也，等我病愈后，再行攻之。"刘文静没有听从，由于大意轻敌，结果大败而归，到长安后即被免去宰相之职。后从李世民进攻薛仁杲，大胜而回，刘文静以平定陇西之功恢复功爵，后升为民部尚书，领陕东道行台左仆射。

酒后失言 遭谗被诛

李渊称帝后，裴寂、刘文静都居宰辅之职。当初，刘文静与裴寂曾是晋阳旧友，都是太原起兵的核心决策人物，也同为武德元年受封的勋臣。如论起对李氏父子得天下的功劳来，刘文静远在裴寂之上；如谈才干见识，刘文静也远远超过裴寂。但李渊却明显地重裴寂而轻刘文静。

刘文静是多么聪明的人，他不久就看出了李渊对他的疏远。这是因为刘文静在李渊起兵过程中表露出的才干、谋略，使李渊感到恐惧不安，所以在天下还没有完全平定的时候，李渊对他这样的人才不得不防。加上刘文静与正在河南称雄的李密又有姻亲关系，更让李渊放心不下。对于刘文静这种人，李渊认为能利用时则利用，不能利用时就会毫不顾惜地抛弃。裴寂没有什么才干，李渊对他十分放心，曾有人在李渊面前告裴寂造反，李渊根本就不相信，依然对他亲昵如故。

武德二年（619）的一天，颇感压抑的刘文静与其弟——通直散骑常侍刘文起饮酒。酒酣之际，性格刚烈的刘文静情绪失控，发了几句牢骚，还拔出佩刀，猛击木柱，大呼道："必当斩裴寂耳！"事后，刘文静有位失宠的小妾将这件事告诉了她的兄长。这位妾兄为了邀功，便将此事禀报高祖李渊。李渊闻奏后，非常生气，也觉得是搬倒他的时候了，于是让裴寂调查这件事。

刘文静直吐其言："举事之初，我为司马，与长史位望同。今裴为仆射，据甲第，而臣东征西讨，老母留京师，风雨无所庇，实有怨望之心，因醉出怨言，我不敢自保。"朝臣们都为刘文静说情，李世民也说自己与刘文静多年处事，东征西讨，最了解他的为人，他的怨言又怎能当真？酒后醉言怎能认为就是要造反？但裴寂却说："文静才略实冠时人，性复阴险，今天下未定，留之必贻后患。"这样就更加坚定了李渊诛杀刘文静的决心。

当年九月，李渊将刘文静这位立下殊功的开国元勋，处以斩刑，刘文静之弟文起一同赴难，其家人全部籍没为官奴。

萧　　瑀

萧瑀（577－650），字时文。隋炀帝时，任绍青光禄大夫、内书侍郎。唐建国后，历任吏部尚书、尚书右仆射等职。萧瑀虽然勤勤恳恳，但性情褊狭，因此常忤帝意。

献计解围　计成遭贬

梁武帝萧衍长子萧统信佛能文，世称昭明太子，他就是萧瑀的曾祖父。萧瑀虽然出身高贵，但传到他这一代，后梁政权已经衰微，早已沦为北周王朝的附庸。

杨坚以隋代周后，萧岿未有任何反对之举，这使杨坚十分高兴。开皇二年（582），杨坚把萧岿之女聘为次子晋王杨广的王妃。开皇三年（583），9岁的萧瑀被封为新安郡王。

开皇二十年(600)，隋文帝废太子杨勇，以晋王杨广为太子，萧瑀因此得授太子右千牛(太子宫属)。4年后，杨广继位为帝，即隋炀帝，萧妃成为皇后。作为国舅，年届30的萧瑀也日渐受宠，很快迁升为尚衣奉御，随后又升为检校左翊卫鹰扬郎将，一时权倾朝野，成为萧氏家族的顶梁柱。

因为是皇后之弟，隋炀帝最初对萧瑀非常信任，委以机密要务。但萧瑀在官场上秉性不改，刚硬耿直，常对隋炀帝刚愎自用的行为毫不客气地加以批评，这让隋炀帝很是恼火。次数多了，贪图享乐的隋炀帝便逐渐疏远了他。

隋炀帝生性好动，巡游无度，虚耗民力。大业十一年(615)，隋炀帝又北巡长城，结果在雁门(今山西代县)被突厥始毕可汗率领的骑兵围困，形势万分危急。萧瑀献计说："听说始毕可汗此次是假称打猎统兵来这里的，始毕可汗行此背逆我隋朝之事，义成公主并不知情。根据突厥人的习俗，可贺敦(可汗的正妻)可以参与国家兵马之事。当年，汉高祖平城之围的解围，就借助了匈奴阏氏的力量。如今，义成公主是以大隋王朝皇帝女儿的身份嫁给始毕可汗为妻的，她在突厥的地位是以我们大隋王朝的强大国力作为支撑的。如果我们派一位使者北使突厥，向义成公主说明事情经过，雁门之围可不战自解。即便不成功，对我们也没有什么损害。臣又听人们私下议论，说陛下平定了突厥以后，还要发兵征讨高丽，人们对陛下这种做法很是忧虑。正因为陛下如此穷兵黩武，连年征战，才导致了人心不齐，士气低落。请陛下明确下诏颁告将士，不再进攻高丽，全力讨伐突厥。如此一来，百姓心安，将士都是自卫而战，何愁解不了围呢？"隋炀帝觉得此计可行，便立即颁诏执行，并派使者去见义成公主，晓以利害，让她从旁帮助。于是，义成公主遣使告急于始毕可汗，称突厥北方有警。由此，始毕可汗领军驰去，雁门之围遂解。

雁门之围解困之后，隋炀帝不顾君无戏言的大忌，竟自食其言，又要讨伐高丽。因为萧瑀的劝谏，使得炀帝已下诏不征高丽，这使炀帝非常恼火，便怪罪萧瑀，炀帝对群臣说："突厥狂悖为寇，能有多大能耐？因为我们人少，才遭到了突厥的包围，萧瑀却借机恐吓朕，迫朕下了那道诏书，这是扰乱人心，情不可恕。"恼怒之下就将萧瑀贬出了京师，使其出任河池郡郡守，并急不可耐地打发他当天就出发。不过，这一贬倒使萧瑀离开了这个是非之地，从此也改变了他的命运。

性情褊狭 常忤帝意

大业十三年(617)十一月，李渊攻入长安，不久就派人招抚萧瑀。萧瑀见隋朝大势已去，便率河池郡军民归顺了李渊。萧瑀因此被授予光禄大夫，官拜吏部尚书，封宋国公。武德元年(618)正月，萧瑀随秦王李世民征东都洛阳，任右元帅府司马，参赞军务。同年六月，萧瑀迁为内史令。这样，他又成为唐王朝的大臣，与裴寂、刘文静等开国元勋并为开国宰相。

萧瑀素与高祖李渊有旧，而且因他是前朝独孤皇后的女婿，与唐高祖存在裙带关系。因此，唐高祖待萧瑀非常优厚，也非常信任，把他当作心腹看待，常委以机枢要务，把所有的大事都交其处理。唐高祖每次临轩听政的时候，必定特别恩赐萧瑀坐御榻交谈，并按亲戚身份称其为"萧郎"，而不直呼其名。

萧瑀办事认真，却爱钻牛角尖，有时还会让宠爱他的唐高祖起误会。按唐制：内史省是协助皇帝处理政务、发号施令的机构。作为内史令，有起草诏令把关颁行的责任。有一次，高祖李渊觉得有些诏敕内史省没有按时宣行，便对萧瑀责备了几句。萧瑀便以实情相告说："往昔臣在隋大业年间任内史侍郎，亲眼目睹内史省宣布诏敕，行为草率，有些内容前后矛盾或相违背，各部门在执行时无所适从。现在的诏敕一定要认真地确认，直到它不会前后出现矛盾才宣布，所以，这些诏书、敕令就久留中书省了。因为大唐王朝的基业刚刚建立，凡事都会涉及到国家的安危，来不得半点马虎，否则颁宣下去后，就会误大事。"高祖听后大喜，说："爱卿能如此用心，我还有什么可担心的呢？"

随后，太子李建成与秦王李世民两大集团就皇位继承权展开争斗，萧瑀在其中仍是公正对待二人。武德早年，他随秦王取东都洛阳，对秦王的神武和才干就很佩服。在太子李建成企图谋反事发后，高祖李渊想迁延时日，以顺其自然的方式回避儿子之间的矛盾。萧瑀就此谏议高祖，要立即做出决断，决定谁能继承大统，还以"当断不断，反受其乱"之语相劝，但高祖不听。武德九年(626)六月四日，玄武门之变发生了。

面对突发的政变，萧瑀趁机进言李渊立李世民为太子，李渊此时也无能为力，只好把皇位让给了李世民。

秦王李世民当了皇帝以后，对萧瑀给予自己的支持念念不忘。他还特地赋诗赠送萧瑀，其中有"疾风知劲草，版荡识诚臣"之句，对萧瑀刚正不阿的品性大加赞赏。

萧瑀脾气不改，每与宰相们参议朝政，便喋喋不休地说长道短，固执己见。房玄龄、魏徵、温彦博等新任宰相也只有同他辩驳一气，说服不了他时，往往说他是老顽固，并且在政务上也与他产生了分歧，这可让萧瑀窝了满肚子火气。正好房玄龄等人有些小过失，萧瑀就痛切弹劾，但却得不到唐太宗的理睬。从此，他快快自失，觉得自己在新主面前成了一个多余的人。

太宗曾问萧瑀欲保社稷的长久之计，萧瑀提出了一条逆时代潮流的分封诸侯的主张，说："汉分子弟，享国四百年。魏晋废之，亡不旋踵。"他的这一建议一度让大家动了心，但在臣议之时因魏徵的坚决反对而作罢。

李世民

萧瑀受萧梁家族的影响，崇佛观念很深。然而，唐太宗注重治世，对南北朝以来日益膨胀的佛教势力予以抑制，乃至反对。最初，唐太宗因政局未稳，抑佛之心并不明确，常因势利导，尤其对那些元老重臣们。他知道萧瑀崇佛，曾特赐给他绣佛像一躯，而且在佛像一侧还绣有萧衍的肖像，让其供奉家中。后来又将王褒新书之《大品般若经》送给了萧瑀，同赐一套袈裟，以备讲诵佛经时穿用。但到贞观十一年(637)二月，唐太宗坚定了抑佛的决心，还颁布了《道士女冠在僧尼之上诏》，开始以法令形式抑佛，即使是崇信佛教的朝廷命官也不放过。唐太宗经常在朝廷上非难那些崇佛官员。后来，萧瑀见朝廷上不能信佛，便请求出家，太宗虽不高兴却故意允准了，说"朕甚知萧公素爱桑门，今天我怎会违逆你的志愿呢？"谁知萧瑀想了想，又不出家了，上疏说："臣思量再三，窃以为不能出家。"

太宗对萧瑀这次出尔反尔的举动很反感，回想起他迂执的为人，更是气不过，于是下诏夺了他的爵位，下放为商州刺史。贞观二十一年(647)，萧瑀被授予金紫光禄大夫，复封宋国公。不久，他跟随太宗来到玉华宫，死于宫所，终年74岁。

高　俭

高俭(576－647)，太宗朝尚书右仆射。字士廉，渤海蓨县人。隋时任洮州刺史，入唐后历任侍中、吏部尚书、司空、尚书右仆射。一生才望颇高，处事谨慎公允、秉公办事，尽其所能，为国为民做了许多实事。

遭贬岭南　护驾有功

高士廉，出生于一个显赫的官宦世家，其祖父高岳在北齐任宰相，受封为清河王；父亲高劢也曾任北齐宰相，受封为乐安王。高士廉自小就受到了良好的教育，涉猎了很多经史内籍和人文掌故，这为他后来丰富的知识面和良好的文才，打下了坚实的基础。同时，高士廉严格要求自己，用中国传统士大夫为人处事的准则约束自己的言行，因此有良好的个人修养。由于他气度不凡、学识渊博，也由于家系名门，所以高士廉结交了许多名人异士，如在隋朝声望颇重的薛道衡、崔祖濬等人都对他颇为推重，与之结为忘年之交，当时的公卿百官也多以结识高士廉为荣。如此年轻就享有盛名的他在当时颇受欢迎。

高士廉步入仕途要从他的妹妹说起。他的妹妹高氏在隋朝嫁给了右骁卫将军长孙晟。长孙家在隋朝也是名门望族，长孙晟的叔叔长孙览与隋文帝杨坚是莫逆之交兼儿女亲家。长孙晟生有子长孙无忌和女长孙氏即后来唐太宗的长孙皇后。长孙晟死后，高士廉迎妹妹及其子女于家，待之极好，恩情甚重。后来，高士廉见李世民有非常之才，就把外甥女长孙氏嫁给了他。

高士廉有一位好朋友叫斛斯政，在隋朝任兵部尚书。隋军远征朝鲜半岛时，杨玄感起兵作乱，斛斯政与杨玄感关系不错，便偷偷掩护玄感的弟弟杨玄纵由辽东前线返回，投奔哥哥。当叛乱被平息以后，隋炀帝开始清除杨玄感的余党，斛斯政怕被牵连，就叛逃到高丽。杨广正在气头上，下令将凡与斛斯政有牵连的人或杀或贬，概莫例外。高士廉也因此受到牵连被贬岭南。对于个人境遇，高士廉倒不在乎，他所关心的是自己的家人。临行前，他专门嘱咐妻子，好好在家侍奉父母，又特意把大宅子卖掉，买了一座小宅子来安顿妹妹。至于卖房子的钱，他一个子儿也不带，全部留给母亲和妹妹。一切安顿妥当以后，他才只身赴岭南。

唐武德五年(622)，高士廉归顺唐朝。当时李世民为雍州牧，推荐高士廉为侍中。高士廉返回长安不久，即卷入了唐朝初期最大的一场权力斗争和宫廷政变之中，这就是著名的玄武门之变。

李渊的嫡亲儿子有四个，分别是长子李建成、次子李世民、三子李元霸、四子李元吉。李元霸早死。在唐朝建立的整个过程当中，李世民率领一班志士能人东征西讨，立下了汗马功劳。论功劳李世民应该算是第一，但按照传统的嫡长子继承制，李建成被立为太子。但李世民也有心于皇位，又因功勋卓著就想废李建成立自己为太子。他们矛盾越来越深，终于到了水火不容的地步，在这场斗争之中，高士廉、长孙无忌舅甥二人当然站在姻亲李世民的一边。

武德九年(626)六月四日清晨，李世民率领心腹将士长孙无忌、尉迟敬德、侯君集、张公谨等人事先悄悄埋伏于宫城的北门，即玄武门。等到李建成、李元吉二人一起来上朝时，李世民率众大呼而出，并亲自放箭射杀了李建成，李元吉也被尉迟敬德杀死。随即尉迟敬德率兵入宫，名为李渊护驾，实则控制了皇上。至此，李世民完全控制了局势。不久，李渊见大势已去，就选择了退位，李世民继成大统。即位后，因功封赏追随他的官吏，高士廉被提拔为随行左右的侍中。

治蜀有方　为相谨慎

贞观元年，高士廉出任益州(今成都)大都督府长史，统管四川事务，开始了他数年治蜀的生涯。

高士廉一到益州便顾不上休息，马上走访各地，体察民情。他发现：凡在河渠之侧的土地因为灌溉便利，都能收获颇丰，每顷都价值在千金以上。这些上好的良田都被少数豪强大族以种种名义强取豪夺和霸占，而普通百姓只能在离河渠较远的土地上辛勤劳作。由于土地不好不能及时灌溉，一年下来收不到多少粮食，生活十分贫困。高士廉看到这种情况后下定决心，一定要改变这种状况。他一面限制豪强侵夺土地，一面引导百姓广修支渠，疏通故渠，使得更多的农田能够得到灌溉。经过一系列的措施和努力，原来不能及时灌溉的农田已能及时灌溉，农田产量大增，人民群众的生活也有了显著改善。高士廉此举极大地造福了四川百姓，所以也得到了广大人民群众的爱戴和拥护，以至于后来，他的儿子高履行以同样的职务出掌四川时，这里的百姓还经常念叨着其父高士廉的功绩。

此时，他还碰见了一位叫朱桃椎的异士，这位异士是为了逃避做官才隐居山林的。他的行为很异常，夏天干脆裸体，只有冬天才穿上用树皮缝制的衣服。如果有人送东西过来，则一概不要，有的好心人送些米，他也要等到天黑以后方才来取，为的是不与人相见。像朱桃椎这一类隐居之士在魏晋南北朝时确实有很多，但在太平盛世的唐代已不多见，但高士廉仍然对朱桃椎极为礼让谦逊。他到任之后，一听说此人即按礼节邀请他，并亲自出门迎接。不想朱桃椎一句话不说，连招呼也不打，只是瞪大眼睛盯着高士廉看了一会儿，然后扭头就走。高士廉也不介意，还经常派人找到朱桃椎，转达问候。朱桃椎每见来人，就远远地躲入林子，不愿见面，高士廉也不恼，仍一如继往地转达着关心问候之意。于是四川的百姓纷纷认为高长史礼贤下士，是有教养的好父母官。

由于治蜀有方，功绩突出，高士廉于贞观五年(631)上调京师，出任吏部尚书，掌管官员的选拔任命。在这样一个要害部门任职，他能做到不谋私利，公正严明，任人唯贤，确实不易。当唐太宗李世民准备册封长孙无忌为司空时，高士廉却站出来反对了。他说："我有幸能和长孙无忌一样成为陛下的姻亲，我们都已身居高官了，如果陛下再册封我的外甥、您的妻兄为司空，恐怕天下人会说您任人唯亲，不利于陛下您的名声啊！"长孙无忌也极力推让，但唐太宗还是坚持册封他为司空，并且一并提拔了高士廉的官职，封为尚书右仆射，同中书门下三品，官居宰相。

高士廉本就出身名家，祖父、父亲都曾做过宰相，如今自己做了宰相，就成了三代宰相之家。他的儿子高履行任过户部尚书，他的外甥任太尉，外甥女为皇后，此等满门荣耀在当时是绝无仅有的。但是他本人却毫无骄意，非常谦虚谨慎，清正廉洁。他一共有6个儿子，分别取名为履行、至行、纯行、真行、审行、慎行，意即希望子孙后代能戒骄戒躁，有好的品行。　从儿子的名字的命名上也体现了他谨慎小心的行为。他每给太宗表章奏折，拟定以后马上把草稿焚毁，这样就没有人知道他究竟对皇上说了什么。有一次，太宗率师远征朝鲜半岛，留皇太子监国，高士廉为太子太傅，在后方全权负责。每逢料理政事，高士廉与太子同坐一榻，凡事皆仔细参酌，提出建议，务必征得太子同意。他本人每有议案给太子，还在榻前恭恭敬敬地呈上，这样讲究礼节连太子也心有不安，毕竟他比太子长两辈，又是当朝元老。太子让他不必屈尊奉对，坐下宣讲即可，但高士廉则坚辞不允，仍一如继往。

贞观十六年(642)，高士廉便请求退休，颐享晚年。唐太宗同意了他的请求，但仍然保留他的宰相称号，以示尊重。第二年，太宗又下令将高士廉的画像列入凌烟阁永存。贞观二十年(646)，高士廉患病，太宗亲往探视。第二年正月，高士廉病逝，享年72岁。陪葬昭陵，谥号"文献"。

长 孙 无 忌

长孙无忌(？—659)，太宗朝尚书右仆射，高宗朝中书令。字辅机，河南洛阳人。妹为唐太宗皇后。参与策划和组织"玄武门之变"。唐太宗李世民即位后，与房玄龄同为宰相。唐高宗李治即位后，又与褚遂良同为宰相。长孙无忌为官谨慎，力避亲嫌，能直言进谏，这对贞观之治功不可没，同时也是他自缢而死的祸根。

姻戚故旧　功建玄武

长孙无忌祖先为鲜卑拓跋部贵族，父亲长孙晟，隋时名将。他虽出身军事贵族家庭，但并不善于统兵打仗，只是稍懂一些谋略。然而他聪颖好学，博览文史，颇有学识。因父亲较早去世，长孙无忌就与妹妹一起由舅父高俭抚养成人，同时受到了很好的文化教育。长孙无忌与李世民年龄相仿，两人一起长大，妹妹嫁给李世民后，两人的关系更加密切。

长孙无忌

大业十三年(617)，李渊在太原起兵叛变隋朝，直逼长安。李世民率领先锋部队渡过黄河后，长孙无忌便投奔了他，被李世民用为渭北道行军点签，负责文书和传达军令。次年，李渊在长安称帝，建国号为唐，李世民被封为秦王，长孙无忌的妹妹成为王妃，长孙无忌则成为秦王府得力干将。在与李世民四处征战中屡立功勋，官至兵部郎中，封上党县公。

唐取天下，秦王李世民功绩卓著。削平各路诸侯，使国家统一的也是李世民。李世民虽掌握重兵，却多次受到太子建成、齐王元吉的联合攻击。建成、元吉拉拢后宫，日夜诋毁李世民，甚至密谋将其杀掉。受其迷惑、不分是非曲直的李渊也一时拿不定主意。

李建成、李元吉等人不仅攻击李世民，还私下拉拢利诱其部下，拉拢不成就进行诋毁、调任。在此危急关头，东都考功郎中房玄龄与长孙无忌商议：应劝秦王当机立断，除掉建成、元吉，这样既可免除杀身之祸，又可解除社稷之忧。长孙无忌对秦王李世民述说了他们的忧虑和大胆计划,李世民虽听了他们的建议,却犹豫不决。

武德九年(626)六月,突厥入侵河套,太子建成荐齐王元吉领兵出征,元吉乘机请将秦王府骁将尉迟敬德、程知节、段志玄、秦叔宝及其精锐之士由他统帅,并与太子密谋在出师饯别会上杀害秦王。得到报告的李世民忙找长孙无忌等人商议。长孙无忌劝秦王立即先发制人,李世民不忍,尉迟敬德也认为祸事临头,不能再犹豫,否则只能束手待擒,自己也不能为他效命了。长孙无忌说:"不从敬德言,事今必败,敬德等不能为王有,无忌也当相随而去,不能再事奉大王了。"在无忌等人的反复劝说下,李世民终于命长孙无忌召房玄龄等心腹到秦王府秘密进行部署。长孙无忌与尉迟敬德商定,房玄龄、杜如晦伪装为道士,由长孙无忌陪同入秦王府,尉迟敬德从他道入府,与秦王制定了立即行动的方案。

六月三日,太史令傅奕向高祖李渊密奏:"太白星经天,见于秦地,秦王当有天下。"李渊就把奏折告诉了秦王李世民,世民乘机奏建成、元吉淫乱后宫,加害兄弟,为仇者快,实不能容等。六月四日,世民与长孙无忌带领尉迟敬德、侯君集、张公谨等人入宫,在武门附近埋伏。当建成、元吉行至近处,伏兵四起,将建成、元吉双双杀死,这就是著名的"玄武门之变"。这场短暂的流血事变,消除了宫廷动乱的根源,使雄才大略又能恤民疾苦的李世民取得了皇太子位。长孙无忌既是李世民的内亲,又是心腹,在这场斗争中起了极为重要的作用。李世民就此事对他多次进行表扬,任命他为左庶子。

定立储君　持重托孤

武德九年八月,李世民正式登帝位。李世民以无忌功第一,进封齐国公,实封1300户,命为吏部尚书。

长孙氏家族深受封建教育的影响,虽为国戚却不以皇亲的特殊地位去为家族擅权夺利。当李世民登上帝位大展宏图之时,长孙氏家族却能力避私亲物议,激流勇退,是皇亲国戚中好榜样。

长孙无忌对唐太宗既忠心又顺从,为此也表现得很少有建言,不善谏诤。但他在大是大非面前却头脑清醒,以持重见长,并固执己见,态度坚决。贞观十一年,李世民颁诏,赐14名佐命元勋世袭州刺史,让他们子孙后代拱卫唐室。长孙无忌从维护唐室稳固统治出发,认为这样会给国家带来不利,于是与房龄等人上疏,力陈世袭刺史的弊端:其一,一家一姓占据一州,时间一长,难免曲树私党,破坏地方吏治;其二,佐命元勋已蒙重赏,不可再裂土以赐;其三,若孩童袭职,不谙世务吏职,必然危害地方,而一旦触犯刑律,便自取灭亡;其四,若后世效仿此法必将会留下无穷的祸患。唐太宗在他的一再坚持下,终于收回成命。

唐太宗李世民

贞观十七年四月，李承乾因为谋反而被废除太子之位。接下来最有资格被立为太子的是长孙皇后的另外两个儿子：魏王李泰和晋王李治。长孙无忌极力主张立晋王李治为太子。

长孙无忌拥立晋王李治为太子，有他自己的想法。为了在太宗之后能够继续得到尊重，权势得到加强，他希望将来的皇帝是仁孝之人。李治生性懦弱，是最佳人选。魏王李泰则不同，他才华出众，自置文学馆后广纳贤士，其门下有众多的文武官员，早已形成一股政治势力，他若继位将依靠并重用招纳的党羽，而不会是舅父长孙无忌。同时唐太宗对立李泰为太子也很不放心。李泰门下都是些功臣子弟，他们因祖上资荫，身处高官，奢侈放纵，均盼着李泰当皇帝后驱逐元老，自己掌权。而李治这边则是以长孙无忌为首，包括褚遂良等在内的元老重臣。唐太宗希望自己死后贞观政治依然存在，势必依靠长孙无忌等的辅佐。于是，李治被唐太宗立为太子。

贞观二十二年（648），唐太宗感到自己身体不佳，于是他为李治顺利继位开始了准备工作。为除隐患，不惜杀掉他不放心的文臣和武将，而把政事更多地委托长孙无忌，命他检校中书令，知尚书、门下省事，实际上是总领三省政务。他认为长孙无忌老成持重，对他忠心不二，又是李治的拥立者，定能帮助他顺利交接皇权，辅佐李治走上统治天下的正轨。

次年五月，李世民病危，弥留之际，他把长孙无忌、褚遂良叫到床前，嘱咐他们一定要保全李治夫妇。同时又让褚遂良负责使无忌免遭谗毁之徒的陷害，李世民在所有元老重臣中，最能放得下心来的只有长孙无忌，所以他临死时还关心着他死后长孙无忌的命运。

祸起武氏　终遭迫害

李世民死后，李治即皇帝位，是为高宗。长孙无忌以顾命大臣身份进位太尉，兼检校中书令，知尚书、门下事。长孙无忌力辞知尚书省事，乃以太尉同中书门下三品，全权处理朝政。李治治政经验很少，又无决断能力，政事全凭长孙无忌、褚遂良等人办理。在长孙无忌、褚遂良的辅佐下，李治即位最初几年也平安无事。

永徽四年（653），房州刺史、驸马都尉房遗爱（房玄龄之子）与妻高阳公主（太宗之女）密议，与宁州刺史、驸马都尉薛万彻（高祖女丹阳公主夫）、太岚州刺史、驸马都尉柴令武（太宗女巴陵公主夫）共谋，打算另立秦州刺史、高宗叔父、荆王元景为帝。计谋败露，高宗令长孙无忌查询此案。为了消除对高宗地位构成的威胁和未来政治中的隐患，长孙无忌不惜虚构罪状，罗致大狱，将吴王顾恪及高宗叔父李道宗等都牵连进去，赐李恪与李元景、高阳公主等自尽；房遗爱、薛万彻、柴令武皆斩；李道宗被流放岭南。此时的长孙无忌已经有了残忍专断之风。

但使长孙无忌及其家族命运彻底改变的是源自永徽五年(654)十月的废立皇后之争。唐高宗打算立武昭仪为皇后，长孙无忌屡次谏言，都遭拒绝。高宗还秘密遣人赐送长孙无忌金银宝器、绫绢锦缎，并亲自登门，继而武氏之母杨氏也前来游说，长孙无忌始终不允。礼部尚书许敬宗多次劝说，长孙无忌同样厉声拒绝。永徽六年九月，高宗不顾长孙无忌和褚遂良的反对，封武昭仪为皇后。对此事耿耿于怀的武氏，于是命许敬宗寻找机会加害长孙无忌。

长孙无忌在武氏为后之后，不再过问朝政，只是低头修国史、订新礼。显庆二年(657)，许敬宗、李义府秉承武后意旨，诬奏韩瑗、来济与褚遂良潜谋不轨，并将他们都贬到边州；许敬宗当时为侍中，又为中书令。显庆四年四月，尉迟敬德病逝，褚遂良也死于贬所爱州(今越南清化省清化)。许敬宗与武后眼见元老们大势已去，又作进一步的迫害，借发现朋党事，诬陷长孙无忌策划谋反。高宗对这位亲自辅佐自己即位的舅舅谋反，开始并不相信，许敬宗却编造了一个长孙无忌、褚遂良、柳奭、韩瑗和于志宁等人的谋反集团，并肆意捏造事实来蛊惑高宗。被武后控制的高宗终于由怀疑到相信，甚至不经亲自查问，便任由许敬宗去处理了这位效忠唐室30余载的舅舅，流放黔州(今四川彭水县)。同时也株连了太子太师于志宁等一班朝臣。七月，许敬宗又派中书舍人袁公瑜至黔州，在逼迫之下，一代名相长孙无忌只得自缢身亡。

房 玄 龄

远见卓识 慧眼识主

房玄龄出生于诗书世家，他的曾祖父和祖父曾在北魏、北齐任职，父亲在隋时做过司隶刺史，文采极好。受家学熏染，房玄龄自小爱好文章，广闻博览，书法一流，才思敏捷，文章异彩纷呈，在当时很有名气。

隋开皇十六年(596)，18岁的房玄龄举进士，授羽骑尉之职。此时，隋朝正处

房玄龄

于兴盛之时，然而房玄龄却看出隋朝盛世之下隐藏的巨大的政治危机。他对父亲说："隋朝并没有什么功德，只不过靠着愚弄百姓过日子。现在各位皇子又在皇位问题上相互倾轧，权贵们奢侈糜烂，这样的王朝又怎么会持久呢？"他的父亲十分惊异儿子年纪这么小见识如此长远。房玄龄事亲至孝，父亲病了，他尽心服侍，长达100多天，衣服都不脱；对继母也一样谦恭谨慎。

隋炀帝大业十三年，太原留守李渊在太原起兵反隋，向关中进军。政治上敏感的房玄龄，眼见隋朝大势已去，下决心投奔李渊父子。他来到渭北军门拜见李世民，正好李世民广求贤杰，收纳天下英才，两人一见如故，当即拜房玄龄为渭北道行军记室参军，进入李世民谋士集团。

次年五月，李渊灭隋建唐，定都长安，改元武德，是为唐高祖。武德元年(618)六月，立李建成为皇太子，封李世民为秦王，李元吉为齐王。李世民拜房玄龄为秦王府记室，封临淄侯。

但是，唐朝并没有实现全国统一。于是，削平群雄，统一全国的战争打响了。房玄龄跟随李世民四处征战，立下了汗马军功。房玄龄很有政治眼光，善于深谋远虑。打了胜仗，攻陷了城池，很多将领的注意力都放到了黄金珍宝上面，唯有房玄龄不为这些东西所动，而是去发现收罗人才到李世民旗下，并使他们忠于秦王，由此李世民的政治势力得以不断壮大。房玄龄还注重对前代图籍文书的保护。他担任秦王府记室后，秦王府的诸多事务都由他亲自打理。他做事认真，效率又高，不仅能快速完成军书、表奏的撰写，而且文采优美，唐高祖李渊也非常赏识他。

随主征战　策划政变

武德元年(618)，李世民先收降了割据陕西的割据势力薛仁杲部。继而转战山西，打败了晋北的割据势力刘武周。武德三年，李世民率军出关围困了盘踞东都洛阳的王世充部。次年初，农民起义军领袖窦建德出于自身利益，亲率大军援助王世充。五月，李世民大战窦建德，以劣胜强，智擒窦建德。孤立无援的王世充见大势已去也就投降了唐朝，至此，李世民终于削平群雄，基本完成统一大业。在近5年的战争生涯中，房玄龄、杜如晦二人一直效命秦王左右，出谋划策表现出超群的才能。后来，每当回顾起这段不凡的经历，李世民与大臣们都感慨万千。贞观年间，一次，李世民和群臣就创业与守业哪个难的问题进行讨论。房玄龄认为得天下难，李世民深表赞同。

后来，太子建成想毒死李世民，但李世民大难不死，逃过一劫。事后房玄龄立

中国宰相传

即拜见李世民的妻兄长孙无忌，一起商量对策。房玄龄十分清楚此时的局势必须先发制人，才能掌握主动，赢得胜利。认为李世民应当机立断，平定家乱。长孙无忌同意他的看法，并将他的话转告李世民。李世民也认为只有立即除掉李建成及其党羽，才能维持唐王朝的统治。于是，李世民与房玄龄商量，打算发动宫廷政变，杜如晦、高士廉、侯君集、尉迟敬德也坚定地支持李世民，加入到发动政变的核心力量当中。

此时，太子与秦王之间的矛盾已不可调和。为了打垮李世民，李建成想尽办法要瓦解其谋士、勇将的阵容。他认为秦府有谋略的人之中只有房玄龄和杜如晦最为可怕。因此，他们在李渊面前极力中伤房、杜二人，并把他们逐出了秦王府。

此时的事态也使李世民认识到再如此下去只有死路一条，便决定按房玄龄等人的计谋，先下手为强，发动政变。为筹划大计，李世民派长孙无忌密召房玄龄、杜如晦。房玄龄一方面不知秦王是否定了决心。另一方面也是激励秦王，故意推脱说私见秦王是死罪，所以不能前往。李世民得知大怒道："怎么连你们都不愿忠诚我啦？"当即取下佩刀，对尉迟敬德说："你也去，若他们无来心，断其首来见。"敬德、无忌复来密见房、杜二人，告诉他们秦王已经下定决心了。房、杜便假扮道士进入秦府秘商。

武德九年六月三日，李世民进宫向李渊密奏太子建成、齐王元吉淫乱后宫以及试图谋害自己的情况。李渊听了便让明天召建成、元吉来一起对质。次日清晨，李世民率尉迟敬德等人事先设伏于宫北门玄武门，乘李建成、李元吉入朝无备之机，将其射杀。政变后，李渊被迫以秦王李世民为皇太子，并让其掌管军政大权。两个月后，全国局势稳定，李渊便把皇位传给了李世民，退为太上皇。李世民于是登上了皇帝的宝座，是为太宗。

勤恳辅政　尽言切谏

唐太宗李世民即位后，把房玄龄列为功臣之首。贞观三年(629)，房玄龄任左仆射，为实际上的宰相。房玄龄任宰相后，兢兢业业，做了很多的实事。根据太宗的旨意，房玄龄对朝廷各部门大刀阔斧地进行改革，裁汰冗员，任人唯贤，最终核定文武官员共646员，使国家财政支出和人民负担都大大地减轻。

房玄龄认为宰相的首要职位是处理大事和选拔人才。早在秦王府时，房玄龄就发现杜如晦聪明识达，有佐王之才，就向秦王李世民推荐了他。李世民说如果你不说我几乎失去这样一个人才。从此，李世民开始重用杜如晦。

房玄龄选用人才，重才也重德。李大亮，不但文武全才，而且品德优异。房玄龄认为他有王陵、周勃之才，唐太宗拜李大亮为左卫大将军，兼领太子右卫军，又兼工部尚书，身居三职，对他十分器重。薛收是个卓有文才的读书人，经房玄龄的推荐，为太宗任用。太宗征伐时的檄文、捷报，大多出于薛收之手。可惜薛收只活了33岁，唐太宗也不禁为之惋惜。

房玄龄选才，不责全求备。张亮是个贫寒人士，对农业十分了解，而胆气不足，无将帅之才，房玄龄只让他主抓农业生产。对唐太宗任用的人，房玄龄认为不合适的，也不苟用。贞观时期人才济济，吏治清明，对唐朝政治、经济的巩固和发展意义重大，房玄龄的功劳也不可磨灭。

房玄龄根据唐太宗的旨意修订的《贞观律》，以前代法律为基础，包括律、令、格、式四个部分。这部法律涉及的范围非常广泛，大到国家制度和社会经济生活，小至民间的婚丧嫁娶等都加以规定。与前代相比，《贞观律》在定罪量刑上要轻，条文简约明了，充分贯彻了唐太宗宽大处理的原则。

房玄龄在辅佐唐太宗时多有诤谏，他谏勿征高丽，谏勿用平庸之辈，以及谏减少民族冲突、改善民族关系方面，经证明，这些意见都是正确的。房玄龄的进谏反映了他善于思谋、考虑效果的特点。

唐高祖李渊去世，唐太宗要以汉高祖长陵的规模为父亲建陵。秘书监虞世南认为那样工程浩大建议造一高三仞（一仞为七尺）的陵墓，陵内器物，尽量从俭。尽管虞世南的建议利国利民，但房玄龄认为唐太宗是不会接受的。于是，他提出了以汉光武帝的陵墓规格建造，唐太宗欣然接受了这一建议。

有一次，房玄龄偶然问起少府少监窦德素最近宫里在建造什么。窦德素把问题告诉了唐太宗，唐太宗怒责房玄龄："先生只管衙门政事，北门有小营缮，与你什么相干！"房玄龄跪拜谢罪，不敢自辩。旁边的魏徵对太宗说玄龄为陛下股肱耳目，无论宫中朝外的事情玄龄都应该知道，如营缮是应该的，当助陛下作成它；如果不应该，当请陛下罢之。既没必要责备，也没必要谢罪。

房玄龄曾因小小的过错被唐太宗责令回家。长孙皇后去世前，特意在太宗面前称赞房玄龄，并希望重新重用他。大臣褚遂良也为此上奏称赞房玄龄的功劳，劝太宗不要因小小的过失而抛弃几十年的功绩。唐太宗听了他们的劝告，内心深受震动，便亲临其府第，用马车把房玄龄接了回来。

房玄龄为相一直小心谨慎，连唐太宗都认为他已到了缺乏自信的地步。贞观十九年(645)初，太宗率师征高丽，令房玄龄留守京城，相机处理政务，不必上奏请示。太宗离开后，有人到房玄龄留守处声称有密报告状。房玄龄问告谁？来人回答说告房玄龄本人。房玄龄不敢拆看状纸，立即让驿官送到太宗的行宫。太宗听说长安留守处有密告，非常恼怒，腰斩了告密人，并再次告诉房玄龄有事不必再奏。

贞观后期，唐太宗也杀贬了一些大臣，房玄龄从中看出了微妙的变化。他自己一直为相，女儿为唐太宗的儿媳，儿子房遗爱又娶了太宗女高阳公主，可谓权宠极隆，因此他常虑盈满则亏，累上表辞职，未获批准。房玄龄便以多病为由，逐步让权给新任的年轻宰相们。事实上，唐太宗对房玄龄还是十分恩宠的。

贞观二十二年，唐太宗驾幸玉华宫。此时，年迈体弱留守京师的房玄龄因病卧床不起，引起了唐太宗的注意。太宗命把他接到玉华宫，破例让车轿到御座旁才停下。一下轿，两人便对泣起来。年过七旬的房玄龄写了生平第一道较激烈的奏章劝谏太宗不要再征伐高丽，唐太宗深为感动。

同年七月，房玄龄病卧在玉华宫内，唐太宗命人把他与玄龄卧室间的宫墙凿开，一边饮泣，一边拉着房玄龄干枯的手，与他诀别。就这样，一代良相离开了人世。

杜 如 晦

杜如晦(585－630)，太宗朝检校侍中、尚书右仆射。字克明，京兆杜陵(今陕西西安)人。父杜吒，曾为隋昌州长史。杜如晦参与策划"玄武门之变"，后与房玄龄一起共掌朝政。两人配合默契，理政建制，奠定了贞观之治的基础。

善观时局 谋变玄武

杜如晦出身官宦家庭，从小聪颖好学，尤其对文史感兴趣。他英俊洒脱，气质非凡，以风流自命。隋大业年间，杜如晦参加吏部人才选拔，时任吏部侍郎的高孝基认为他有应变之才，可以担当重任，也非常器重于他，叫他暂时屈就卑职，补滏阳县尉之缺。杜如晦就任没多久便不想再为已经腐朽的隋王朝服务而辞职。

杜如晦

此时，隋炀帝的残暴统治使百姓怨声四起，纷纷揭竿而反。隋大业十三年(617)，李渊父子在晋阳举兵反隋，同年十一月攻占长安。此时的杜如晦已看出天下必归李唐所有，且深知李世民是个英勇有谋之人，善于收纳天下贤士豪杰，便投奔其门下。李世民拜其为秦王府兵曹参军，执掌秦王府簿书、考课、仪卫等事务。

时隔不久，杜如晦被改任陕州总管府长史。总管府是设立在边塞统率军队的机构，长史职位仅次于总管。这期间，秦王府的很多勇将谋士都被唐高祖调到外地任职，李世民一直为此忧虑重重。房玄龄于是向李世民推荐了杜如晦，李世民深表同意，于是奏请唐高祖留下杜如晦，使其依旧为秦王府幕官。从此以后，李世民把杜如晦视为心腹，常常和他在一起商议国家大事。杜如晦很快成了秦王府幕僚中的重要成员，李世民每有心事，必与他商议。

唐朝刚建立之时，仅控制着关中、山西和巴蜀等一些地区，周围地区都还处于割据状态。唐高祖李渊遂命李世民为右元帅，率军征讨盘踞各地的割据势力。在李世民南征北战的过程中，杜如晦始终跟随左右。

在平定四方割据势力过程中，李世民和李建成两兄弟各有战功，但相比之下，明显是李世民的战功大，这与杜如晦的军事谋略有很大的关系。杜如晦对军国大事判断准确，为李世民提供了有效的战略计策，同人们也经常称赞他。

李世民卓著功勋，使他的威望与日俱增，权势也逐渐扩大，政治地位和军事地位也迅速增长。

李世民的哥哥李建成被立为太子，为人宽简、仁厚，辅助李渊处理政务，在唐王朝的初创过程中，他的作用也是不可估量的。

在李建成和李世民的斗争中，齐王李元吉完全站在李建成一边，他和李建成经常会同后宫诋毁李世民。不分真假的李渊偏心于太子李建成，逐渐地对李世民有些疏远。

房玄龄、杜如晦和长孙无忌等都认为：要想平安无事，必须先发制人。他们劝李世民早下决心，尽快除掉李建成和李元吉，以保国家长治久安。同时，李建成也加紧夺权，他想方设法瓦解秦王府的武将、谋士，不过这一策划没有获得成功。但他们在李渊面前诬陷房玄龄、杜如晦，把他们最害怕的房、杜二人逐出了秦王府。武德九年(626)夏，突厥万骑犯边。李建成认为瓦解、分化秦王府精兵强将的机会来了。他向李渊推荐，由李元吉代李世民出征。李元吉又请求调用秦王府的名将迟尉敬德、程志节、段志玄、秦叔宝等人，以增强北征实力。此举若成功，李世民必将死路一条。

李世民感到已危在旦夕，便与长孙无忌、高士兼、尉迟敬德等商计对策，并派人密召房、杜二人进府，密商计策。一番策划之后，李世民利用李建成、李元吉上朝之机，在玄武门内设下伏兵，一举将他们杀死，为李世民夺取皇位扫清了障碍。事成之后，李渊只好立李世民为太子，此时军政大权已完全落在李世民手中。李世民拜任杜如晦为左庶子，协助他处理政务。同年七月，又调任杜如晦为吏部尚书。武德九年八月，李渊让位。李世民于东宫显德殿即位，改元贞观，尊李渊为太上皇。李世民做了皇帝，对群臣论功行赏，以房玄龄、杜如晦等五人功居第一。进封杜如晦为蔡国公，赐食邑1300户。贞观二年(628)晋升杜如晦为检校侍中，兼吏部尚书、检校侍中。

勤政治国　一代名相

贞观三年(629)，唐太宗下诏授杜如晦为右仆射，相当于宰相之职。从此，杜如晦与房玄龄同朝为相，他们二人友好协作，为唐朝的繁荣鼎盛立下了不朽功绩。自从隋末农民起义之后，国家朝政松弛，百废待兴。杜如晦善于勤理朝政，房玄龄谋略超群。两人共同制定各种规章制度。杜如晦和房玄龄随时拨乱反正，稳定唐朝初期的政治制度和统治秩序，辅佐唐太宗开创贞观之治的新局面。杜如晦既是宰相，又是吏部尚书，执掌着选拔官吏的大权。他一改唐朝初年选官取士重言辞口笔，而不注重其品德修养的做法，用人非常注重实践。他在推贤荐能、任免官吏等方面，为唐朝发展做出了很大贡献。他在临终之时还推荐公正无私的戴胄升任吏部尚书。

杜如晦与房玄龄忠诚有加，相互敬让，胸怀宽阔，是合作的典范。杜如晦善断，房玄龄善谋，两人取长补短，且愉快合作，最终成为李世民得力的助手谋臣。从打天下到治理天下，两个人在长期的合作过程中建立了一种诚挚的友谊，这种友谊正是出现"贞观之治"的基础。他们二人的美名，犹如汉初之萧何、曹参；其交谊之深，如同春秋时的管仲与鲍叔牙。他们给后人留下了"房谋杜断"的美名。

杜如晦与唐太宗之间的君臣关系也不同一般。杜如晦死时，年仅46岁。唐太宗哭得很伤心，并废朝三日，赠司空，追封为莱国公。

魏　　徵

魏徵(580－643)，字玄成，太宗朝著名宰相。唐代著名的政治家、史学家、文学家。魏徵任相期间，恪尽职守、刚直不阿、敢于直谏，对于唐太宗统治的维护和巩固以及唐代社会的安定、政治的开明、经济的繁荣，功不可没。贞观十六年(642)，魏徵病逝。谥号"文贞"。

加盟瓦岗　　兵败降唐

魏徵出生于隋朝末年的一个官宦家庭。父亲魏长贤为政清廉，秉性刚直，而且博学多才，治学严谨，魏徵自幼耳濡目染，受到了良好的熏陶和感染。由于父亲英年早逝，家道随之衰落，但是魏徵并没有因此而意志消沉，沦落颓废，反而更加胸怀大志，勤学苦读。生逢乱世，魏徵深感入世无望，无法施展自己的才华，便出家当了道士。

当时，在河南一带翟让、李密领导的瓦岗军，攻占了洛阳东北的最大粮仓洛仓；起义军开仓放粮，济贫救苦，深得百姓拥护。队伍迅速扩大，声威日盛。隋大业十二年(616)，隋武阳郡丞元宝藏起兵响应李密，元宝藏知魏徵有学识，便动员他加入起义军，让魏徵做了郡府的书记官，掌管军中的文书。

后来，元宝藏意欲投奔瓦岗寨首领李密，多次写信表明意愿。李密阅信深感措辞贴切、文采飞扬，常常赞叹不已。以后知道这些书信均出自魏徵手笔，李密便请魏徵到元帅府任文学参军，掌管记室。魏徵向李密条陈十项，但李密在惊奇魏徵才

魏徵

华横溢、深谋远略之余，却未采纳他的建议。隋大业十三年（617），李密刺杀了瓦岗军首领翟让，瓦岗军的领导力量被大大削弱。尽管如此，瓦岗军仍是一支很强的反隋力量，曾先后打败隋将王世充和宇文化及。

瓦岗军屡败隋军，声势日盛，李密便渐渐滋长了骄傲的情绪。当然他也很快为此付出了惨痛的代价。就在李密谋杀翟让不久，王世充又集中20万大军向瓦岗军扑来。魏徵非常关心这次战斗的胜败。他找到李密的一个手下郑长史说："魏公（李密）虽骤胜，而骁将锐卒多死，战士心惰，此二者难以应敌，且世充乏食，志在死战，难与争锋，未若深沟高垒以拒之，不过旬月，世充粮尽，必自退。追而击之，无不胜矣。"魏徵的意见无疑是正确的。但目光短浅的郑长史却斥之为"老生之常谈"。魏徵非常生气，拂袖而去。结果，李密大败，瓦岗军全军崩溃，李密只得投降唐朝。魏徵也随李密来到京城长安。

辅佐太子　竭力谋划

李密归唐后不久又举兵谋反，最终兵败被杀。魏徵是李密的同党，自然也就不会受到李渊的重用。魏徵苦于自己通晓天文地理、熟谙运筹帷幄，却落得个英雄无用武之地，于是便主动请缨，招抚太行山以东地区的李密余党。魏徵先来到黎阳（今河南浚县东北），给据守在那里的徐世勣写了一封语重心长的信，晓之以理，动之以情，规劝其认清形势、归附唐朝，才能成就一番事业。在魏徵的极力说服下，徐世勣不久便归降了唐朝。后来，魏徵又直奔魏州，说服老朋友元宝藏也归附了唐朝。

武德二年（619）十月，窦建德领导的农民军起兵南下，直攻黎阳。此时，魏徵刚好从魏州返回黎阳。黎阳失守，魏徵被俘。窦建德对魏徵的才学早有耳闻，便任魏徵为起居舍人。

武德四年（621），李世民亲率大军东征洛阳。此时，占据洛阳的隋将王世充联络窦建德严防死守，双方对峙数日。最终被李世民击败，魏徵才得以回归长安。

然而，重回长安的魏徵仍然不被朝廷重用。就在魏徵心灰意冷之时，极具慧眼的太子李建成发现了他。并对他的学识颇为赏识，便招为太子洗马。为报太子的知遇之恩，魏徵尽心辅佐、积极谋划。

在李建成和李世民争夺皇位的斗争中，魏徵竭力为李建成出谋划策。魏徵看到李世民在创建唐王朝的过程中战功卓著，深得人心，就对李建成说："秦王功盖天下，中外归心，殿下却长处深居东宫，并没有威镇海内的丰功伟绩。您虽已被立为太子，但获得皇位的根基并不牢固。"这时，逃往突厥的窦建德残部刘黑闼经过几个月的休整，率部收复河北失地，恢复了许多州县。魏徵认为这对太子来说是个壮大势力，提高威望的绝好时机。于是便向李建成进言说："今刘黑闼散亡之余，众不满万，资粮匮乏，以大军临之，势如拉朽，殿下宜自击之以取功名，因结纳山东豪杰，庶可自安。"李建成同意魏徵的建议并向李渊请命。李渊诏李建成率军征讨刘黑闼。魏徵随军出征。唐军兵至昌乐，刘黑闼引兵拒之，两军严阵以待。魏徵向李建成建议：采用镇压和安抚相结合的政策，遣返俘虏，使刘黑闼的同党相信朝廷的赦免政策，以瓦解其军心。果然不出所料，敌军纷纷放下武器，很快便不战自败，河北大批失地又尽归唐朝。

统一天下后，李建成和李世民的矛盾激化，魏徵屡屡劝说李建成早下决心，除掉李世民以绝后患。武德九年(626)，但是李建成优柔寡断，顾虑重重，并没有接受魏徵建议。李世民先发制人，在玄武门设下伏兵，一举诛杀了李建成和李元吉，取得了玄武门之变的胜利。李渊被迫接受了现实，改立李世民为太子，并将军国大政完全交由李世民处理。

玄武门事变后，李世民对东宫官属不计前嫌。一天，他把魏徵召来责问道："你为什么要离间我们兄弟？"魏徵从容答道："太子若听我的话，决不会有今日之祸。"李世民早就知道魏徵的才能，又见他临危不惧，更加器重他，任命魏徵为詹事主簿，掌握东宫的庶务和文书。武德九年(626)八月，李世民当了皇帝，是为太宗。唐太宗知人善任，提升魏徵为谏议大夫。

直谏太宗　刚正不阿

魏徵是一位深谙君臣道义的封建士大夫。在民间的隐学生涯中，他悉知衰亡之道，洞明平天下之理，追求一种明君贤臣的高尚境界。

贞观元年(627)，有人告发魏徵利用职权徇私舞弊。太宗请御史大夫温彦博查办，结果查无实据。温彦博奉诏责怪魏徵，说他不注意检点行为、远避嫌疑，以致惹来诽谤。魏徵去见太宗说，臣不敢奉诏。他还说，君臣一条心，才叫作一体，哪有抛却大公无私，而专在检点行为上下功夫？ 如果上下都走这条路，国家兴亡就难以预料了。他对唐太宗说："希望您让微臣成良臣，而不让我成为忠臣。"太宗问："忠臣和良臣的区别又在哪里呢？"魏徵说："良臣身有美名，如稷、契，君主也获得好的声誉。而忠臣则不同，如商纣王时的比干，面折廷争，身诛国亡。"太宗听了非常高兴，接着问魏徵："作为国君如何做才算得上英明，怎样做又算得昏聩？"魏徵回答说："兼听则明，偏听则暗。"唐太宗听后非常高兴，拍手叫好。

贞观三年(629)二月。魏徵以秘书监参预朝政，当了宰相。

一代名君唐太宗，广采众意，虚怀纳谏，但是，没过多久，唐太宗便尝到魏徵耿直性格的苦头。唐太宗刚刚即位，北方游牧部落的突厥人便向唐境进犯，抵达渭水之北。唐太宗虽然将敌兵智退，但是心中仍是愤愤不平。他总想扩大兵源，以示强盛。对此宰相封德彝出面奏道："凡年满16岁以上而未满18的男子当中，体型壮大者均可典为府兵。"这一意见最终得到了唐太宗的采纳。但是敕令下达之后却遭到魏徵的极力反对。经过几次的反复，唐太宗大动肝火，他责问魏徵道："朕下达此诏令，是朕亲自得知有人为逃避兵役而将其实际年龄隐瞒。你为何三番五次拦阻于朕？"在盛气凌人的唐太宗面前，魏徵并无惧色，他从容地说道："古人曾经说过，竭泽而渔，明年就会无鱼可捕；放火烧林猎取野兽，虽然可以大量捕捉，但明年就会无兽可捕。这个道理陛下应该明白。战争逼近，兵不在多，在于御之有道，陛下取其壮健，指挥有术，足以无敌于天下，何必将未成年之人拿来凑数呢！"魏徵见唐太宗怒色渐消，又进一步劝唐太宗："陛下常说'君主以诚信御天下'，欲使臣民皆无欺诈，陛下必先取信于民。如今即位时间不久，陛下就已经几次失信于民了。"唐太宗听了魏徵的诉说后大吃一惊，他连忙说道："朕哪些地方失信了，请你详细说与朕听。"魏徵便一一列举。魏徵一番话有理有据，说得唐太宗心服口服，从此改变了对魏徵的看法。

唐贞观八年(634)，朝臣中进谏的人日益增多，但有许多人进谏要么不切实际，要么纯属无稽之谈，往往使得太宗龙颜大怒。中丞皇甫德参进谏说，社会上妇女梳高发型，是让"皇宫里的宫女带坏了"。唐太宗听人说宫女的坏话，自然很生气，骂道："难道让宫人都剃掉头发，你们才会满意吗？"他要以诽谤罪处罚皇甫德参。但魏徵坚决反对这样做，他说："自古劝谏的奏章，往往用词偏激，不然，又怎么引起君主的重视呢？陛下您要始终清楚这一点，让大家放心大胆地去说，讲得有道理，自然于国于民都有好处，讲得不对，也不会有什么妨碍。若动不动就治罪，以后谁还敢开口呢？"魏徵有力且有理的慷慨陈词，使唐太宗打消了处罚皇甫德参的念头。

有时候，魏徵在劝谏唐太宗时言辞激烈，很不给唐太宗面子，只是由于太宗和魏徵的情谊一直很深，所以不好发作，这令太宗有时竟然惧怕他，所以对他说："你以后不妨这样，如果你认为我有什么不对的，当着大家的面只管顺着朕的意思说，等没有人时悄悄告诉朕，朕一定照你说的办！"魏徵却不同意，说："舜帝曾告诫群臣，不能当面顺从，背后反对。陛下虽没有这样告诫魏徵，臣却天生是这样的人。"魏徵讲得很有道理，唐太宗不好随便反对。

此外，魏徵常常提醒唐太宗勿搅民扰民。一次，唐太宗要巡游南山，一切都准备好了，但好久不见出发的动静。魏徵为此询问唐太宗。唐太宗告诉魏徵，原先是有这种打算的，因为怕你怪罪，故中止了。贞观初期唐太宗虚心纳谏，躬行节俭，以省民力。632年，唐朝经济好转，国泰民安。文武官员再次请唐太宗封禅，也就是到泰山祭天，表示对天的敬畏。魏徵却竭力反对封禅，他说："兴师动众，远行千里，必然会劳民伤财。"经魏徵这么一讲，唐太宗的封禅之举也就停止了。

贞观六年(632)，在众臣的请求下，唐太宗准备前往泰山封禅，再次遭到了魏徵的极力反对。太宗百思不得其解，便询问缘由。魏徵回答说："眼下国家刚刚安定，百业待兴，国库尚为空虚。在这种情况下封禅，兴师动众，必然劳民伤财，与'抚民以静'的国策相悖。"太宗听了这番道理，取消了封禅计划。

唐太宗庆幸有魏徵这样的刚直不阿的大臣。他把魏徵比喻为良匠，而他自己是一块混在石头中的美玉，必须经过良匠的打磨。魏徵的确是良匠，雕琢出了唐太宗这样的美玉，他先后进谏数10万言，提出诸如"载舟覆舟""十思"等等杰出的论断，这些都可以为历代帝王提供参考和借鉴。

贞观十六年(642)，魏徵病逝。唐太宗悲痛万分，亲自登门哭祭，辍朝5天，并准备用最高规格的礼仪送葬，让文武百官送出郊外。事后，唐太宗还亲自为魏徵写了碑文。对于魏徵的去世，唐太宗曾感叹地说："以铜为镜，可以正衣冠；以史为镜，可以知得失。如今魏徵去世，使我失去了一面镜子啊。"

褚　遂　良

·

褚遂良(596－658)，唐太宗、高宗朝宰相。字登善。祖籍河南阳翟(今河南禹县)，晋末南迁为杭州钱塘人。褚遂良忠心朝廷，以直言敢谏著称，但最终为武后等所害。褚遂良还是著名的书法家。

褚遂良的父亲褚亮，在隋朝曾任太常博士一职，后来成为秦王李世民文学馆十八学士之一，官至通直散骑常侍。褚遂良对文学史学很有研究，并擅长书法。最初在割据一方的薛举手下任通事舍人，后归唐，在秦王府任铠曹参军。贞观十年(636)，由秘书郎升为起居郎。当时唐太宗喜爱书法，广求王羲之法帖，各地所献帖子很多。但鱼龙混杂，难以分辨真假。秘书监魏徵知褚遂良精于书法，便把他推荐给了太宗。褚遂良受命后，独自鉴别王羲之墨迹，真假立刻分明。

褚遂良

贞观十五年，褚遂良任谏议大夫，兼知起居事。唐太宗问皇帝能否看起居注，褚遂良回答说："史官记人君言行，善恶必记，戒人主不为非法，没有听过天子亲自看起居注的自观书也！"太宗又问自己有什么不好的地方，是不是一定要记。褚遂良回答说："皇帝的一举一动都要记录，这是我的职责。"

在日常工作中，褚遂良以谏诤为己任，知无不言。当时太宗不顾自己的儿子年龄太小，将他们封为都督、刺史等官职，褚遂良上书劝谏说刺史、都督等职位关系到民生，如果是一个好官，则全郡安宁。如果不能胜任，则全郡都要受苦，又建议让未成年的皇子留在京师学习经书，太宗于是听从了。贞观年间，太宗宠爱第四子魏王泰，褚遂良提出太子、诸王的待遇要有一定的规格。贞观十七年(643)，太子承乾以谋害魏王泰被废。褚遂良与长孙无忌、房玄龄等说服太宗立第九子晋王李治为太子。当时薛延陀真珠可汗请求联姻，太宗初最初已经答应并接受了他的聘礼，后却又后悔了。遂良上书谏曰："信为万事本，百姓所归。陛下许以婚媾，西告吐蕃，北谕思摩，中国童幼，靡不知之。""咸言陛下欲安百姓，不爱一女。今一朝生进退之意，有改悔之心……嫌隙既生，必构边患。"太宗恃强不听。太宗将亲征高丽，遂良又上谏说不可，但太宗不听，等到大败而归，大宗十分后悔。

贞观十八年(644)九月，褚遂良拜黄门侍郎，参预朝政，成为贞观年间的众多宰相之一。贞观二十二年(648)九月，为中书令。第二年五月，太宗病危，召褚遂良和长孙无忌向他们托付后事又对太子李治说："只要他们二人在，你就不用担心。"又让褚遂良保护好长孙无忌，不要让他受谗言所害。

贞观二十三年六月，太子李治即位，是为高宗。长孙无忌、褚遂良同心辅政，高宗也尊重二人，虚心纳言。因此，高宗之初，颇有贞观遗风。第二年，褚遂良因事出为同州刺史。永徽三年(652)正月，为吏部尚书、同中书门下三品兼太子宾客，监修国史。继而为尚书右仆射，这都相当于宰相之职。

永徽六年(655)，高宗欲立武昭仪为皇后，并以皇后无子而武后生有皇子为由征求褚遂良、长孙无忌的意见。褚遂良认为皇后是名家出身，没有错且先帝又将皇帝皇后托付于他和长孙无忌，所以加以反对，高宗很不高兴。第二天又言其事，褚遂良说："陛下必欲改立皇后，请更择贵姓，昭仪昔事先帝，众所俱知，天下耳目，安可蔽也。"遂置笏于殿阶，叩头流血说："请陛下，让我告老乡里。"高宗大怒，让人把他拉出去。武氏在帘后喊道："还不杀了这个家伙！"长孙无忌说："遂良受先王顾命，有罪不可加刑。"遂贬为潭州都督。显庆二年(657)三月，徙为桂州都督。后礼部尚书许敬宗、中书令李义府根据武后旨意，诬告遂良图谋不轨，对褚遂良加以迫害，贬其为爱州(今越南清化)刺史。

遂良至爱州，担心祸患降临自己，生怕自己受冤而死。于是上表自陈忠诚，说自己不顾死亡，平息李承乾的谋乱，后又受先帝遗诏辅佐皇帝，尽心尽力，等等，但高宗昏愦，又受制于武后，对褚遂良不闻不问。

显庆三年(658)十一月，褚遂良被害而死，终年63岁。

狄 仁 杰

狄仁杰(630－700)，武则天时宰相。字怀英。并州太原(今山西太原)人。祖
父狄孝绪，唐太宗时做过尚书左丞，封临颍男。父亲狄知逊，做过夔州长史。
谥号"文惠"。狄仁杰两次拜相，深受信任，辅佐武则天矫正时弊，安抚民生，
举贤任能，严肃法纪，匡复唐室，政绩卓著。

仗义执法　善断疑案

　　狄仁杰，唐太宗贞观四年(630)，出生于一个官宦家庭。字怀英，并州太原(今
山西省太原市)人，少年时代，他敏而好问，一心向学。一次，有个县吏来调查案
子，周围的人皆说与自己无关，唯独狄仁杰仍伏案读书，不予理睬。县吏很气愤，
责问狄仁杰。狄仁杰回答说："我正在和书中的圣贤对话，哪有闲工夫和俗吏搭腔。"
气得县吏咬牙切齿。后来，狄仁杰参加科考，以明经中举，进入仕途。

　　高宗仪凤元年(676)，狄仁杰上调升任掌握刑狱的大理丞。由于他处理案件不
仅公正，而且果断，因此办事效率极高。在短短的一年时间里，处理了17000人的
案子，公正合理又合法，无一例冤假错案。

　　一次，两位官吏误砍了唐太宗昭陵上的一棵柏树，狄仁杰判两人免官。后来高宗
知道了这件事情，非要定两人死罪。狄仁杰却持反对意见，高宗怒道："他们让我背
上不孝的罪名，我一定要杀！"狄仁杰说："今天因为误伐一棵柏树而杀死两个大臣，
让后人该如何看待皇上您呢？"高宗听后觉得确实如此，遂同
意狄仁杰的看法将此二人免官，流放岭南。正是由于这件事，
高宗发现狄仁杰有胆有识，不久就提升他为侍御史，负责监督
各级官吏。在侍御史任上，狄仁杰忠于职守，不顾个人安危，
不畏显贵权势，凡违法者，不论权高位低皆不宽容。

　　调露元年(679)，唐高宗嫌乾陵玄宫过于狭小，容纳不下
陪葬器具，便令司农卿韦弘执扩建。韦弘执不仅扩建了乾陵
玄宫，还执意在洛阳为高宗建造宿羽、高山、上阳等豪华宫
殿。特别是上阳宫濒临洛水，一里长的画廊可谓真具皇家气
派，雕梁画栋、流光溢彩。宫殿完工后，高宗即移居东都洛
阳。不久，狄仁杰上疏奏劾韦弘执，说他建造如此华丽的宫

狄仁杰

中国宰相传

殿是在引诱皇帝追求奢侈豪华。高宗这才猛然醒悟，遂免了韦弘执的官。左司郎中王本立倚仗高宗的恩宠，横行霸道，无人敢惹。狄仁杰上奏弹劾，但高宗却赦免了他。狄仁杰继续上奏，高宗终被说服，遂免去王本立的官职，并定了罪。

经过这几件事，满朝文武都十分佩服狄仁杰的勇气和胆量。但这只是狄仁杰一个方面的特征，他除了不畏权贵之外，对老百姓也十分关心。一次，唐高宗去汾阳宫（今山西宁武西，隋炀帝修建），狄仁杰随行。将经并州，并州长史李冲玄认为华服艳装过妒女祠会遭风雷之灾，便驱使数万百姓民工改修驰道，以便皇帝通行。狄仁杰闻讯非常气愤，立即制止此事，命数万民工返归。高宗为此称赞狄仁杰道："真大丈夫也！"

州郡任职　为官清明

弘道元年（683），高宗病逝，其子李显即位，是为中宗，武则天以太后身份临朝执政。第二年，武则天废中宗为庐陵王，立幼子李旦为帝，是为睿宗，武则天继续临朝称制。

垂拱二年（686），狄仁杰转任到汉民族与少数民族杂居的宁州地区做刺史。宁州在甘肃境内，可以说是地处边疆，民族矛盾错综复杂。狄仁杰到任后，体察民情，施政有方，因而使各民族和睦相处，其本人也因为政一方而为当地人所拥护。老百姓为感谢他的恩德，还特地立碑来记载歌颂他的政绩。不久，右台监察使郭翰巡视陇右各地，所到之处，大多民不聊生，许多地方官不仅欺压百姓，而且欺瞒朝廷。但一到宁州，面目一新，百姓安居乐业，人们纷纷称赞狄仁杰的德政。郭翰回到朝廷后，向朝廷推荐狄仁杰，请求重用。不久，狄仁杰被提升为掌握工程建设的冬官侍郎，充任江南巡抚使。

到了江南之后，他发现吴楚一带建有很多祠庙，并且祭祀泛滥。狄仁杰对这种做法非常厌恶，他不畏地方强权及民众的非议，一举关闭和拆毁了1700多所祠庙，只保留了夏禹、吴太伯、季札、伍员四祠。

武则天当政之初，为稳固自己的统治地位，排除异己势力，他依靠李义府、许敬宗等贬杀了长孙无忌、褚遂良等许多唐宗皇戚、元老重臣，就连自己的亲生儿子也被幽禁，并大肆重用武氏家族的武承嗣、武三思等人，这些做法引起了李唐宗室的强烈不满。嗣圣元年（684），柳州司马徐敬业在扬州起兵反对武则天，匡复唐室。他以拥立庐陵王为号召，人数曾发展到10余万，最后被武则天镇压下去。垂拱四年（688），琅玡王李冲在博州、越王李贞在豫州又起兵反对武则天，但因力量悬殊很快就遭失败。

为了尽快使豫州恢复平静，武则天派狄仁杰出任豫州刺史。当时武则天为惩治李贞余党，定罪六七百家，籍没5000口。狄仁杰为此密奏武则天，认为一旦按此定罪，将牵连甚广，何况这些人中有许多是被迫作乱，并非本心所为，可以赦免。最终武则天被狄仁杰说服，同意从轻发落，将他们流放天丰州。这些人深感狄仁杰的活命之恩，在路过宁州时，跪拜在狄公的德政碑前，"设斋三日而后行"。到了丰州又亲手为狄仁杰立下德政碑。

长者风度　被诬入狱

690年，武则天干脆废掉了傀儡皇帝李旦，发动了"武周革命"，改唐为周，自己登上了皇位，成为了中国历史上唯一的女皇帝。虽然有人说她心狠手辣，但她同时也是一位唯才是举、任用贤能的女政治家。天授二年(691)，武则天又重新起用狄仁杰，任命他为地官侍郎，同凤阁鸾台平章事，成为宰相。

一天，武则天问狄仁杰："曾经有人说你坏话，你是否想知道是谁说的，说你什么。"狄仁杰回答说："陛下，臣不愿知道。陛下以臣为过，臣愿改正。如臣无过，臣之幸也。"武则天大为赞赏，叹曰："狄仁杰真有长者风范啊！"

狄仁杰当宰相后，常陪伴于武则天左右，发现她事无巨细都要亲自处理，便上疏说，君王应该牢牢掌握赦免和诛杀大权，其他的一些事应该由有司处理，自己不必过问。武则天对狄仁杰的建议很满意。

武则天对狄仁杰的信任，也使他招致了别人的怨恨。长寿元年(692)一月，酷吏来俊臣诬告狄仁杰谋反。武则天不察详情，就把做了4个月宰相的狄仁杰罢相下狱。当初，武则天为统治政权，任用酷吏是一重要手段。为了排除异己，制造谋反大案是他们诬陷别人的拿手好戏。他们制造许多刑具，对被告严刑逼供。这次，来俊臣为了诱使狄仁杰承认谋反，要他承认愿为武后的臣下就可免去他死罪。狄仁杰想，要是冤死在此，永远没有真相大白的一天。所以一定要先保这条命，于是承认了谋反。其他几个被指控谋反的大臣，除魏元忠外，都和狄仁杰一样，全都服了罪。来俊臣见服了罪，没有用酷刑，只将他收监。一天，判官王德寿受来俊臣指使，诱逼狄仁杰招供宰相杨执柔是同党，狄仁杰十分气愤，说："天啊，难道是你叫狄仁杰去干这种事情吗？"说罢以头触柱，血流满地。王德寿害怕至极，不敢再说了。

狄仁杰承认谋反，来俊臣等也就放松了对他的看管，狄仁杰趁此机会，从狱吏那里借来笔砚，偷偷撕碎被子，写了一份冤状，缝在棉衣里，请狱吏把棉衣送到家里。

狄仁杰的儿子狄光远把父亲所写的冤状看完后，急忙向武则天告发。武则天召来俊臣询问，来俊臣对武则天说，狄仁杰下狱，并未动过刑，他住的地方也很舒服，如果没有事实，他哪会承认谋反。武则天犹疑未定，派通事舍人周綝到大牢察看。来俊臣要狄仁杰穿好朝服，会见通事舍人周綝，又假造了一份请求赐死的

《谢罪表》，让周继上交武则天。事实上，周继早已被来俊臣收买。眼看狄仁杰危在旦夕，就在这关键时刻，凤阁侍郎乐思晦的儿子被武则天召见，他在武则天的面前控告来俊臣滥用酷刑，说国家的王法早被来俊臣所玩弄，任何一个亲信大臣，来俊臣都可以逼他承认谋反。听了这个9岁小孩的话，武则天有所醒悟。他召来狄仁杰，亲自问他为什么承认谋反。狄仁杰回答说，不承认早就死于酷刑之下了，哪里还有今日再次见到陛下的可能？武则天又问他为何要写《谢罪表》。狄仁杰告说，并无此事。武则天这才真相大白，释放了狄仁杰等7名同案官员。虽然如此，武则天还是没有让他们官复原职。狄仁杰被贬为彭泽县令，同案有的还被流放到了岭南。在彭泽，狄仁杰一呆就是4年。

保国安民　为国举贤

万岁通天元年(696)，北方契丹孙万荣率军侵犯大唐，并攻克了冀州城，冀州刺史陆宝积被杀，数千官兵惨遭屠戮。又转兵攻瀛州，河北为之大震，人心恐慌。武则天立即提升狄仁杰为魏州(今河北魏县、大名县等地)刺史，前去平息战乱。此前，前任刺史因担心契丹突然来袭，便让老百姓全部迁入城里修补城墙，巩固城防。狄仁杰到任以后，却反其道而行之。他打开城门，让老百姓出城耕作。狄仁杰宣称，敌人离这里还很远，不必这样惊慌。如果敌军到来，他自有退敌制胜之策。果然，契丹听说狄仁杰到了魏州，竟不战自退。这下，魏州官民对狄仁杰的气势和胆略佩服万分，他们立碑感谢狄仁杰的德政。随后，狄仁杰改任幽州都督。武则天赐紫袍、龟带，在袍子上亲制了12个金字，以表彰狄仁杰的功绩以及对她的忠心。

神功元年(697)，狄仁杰晋升为鸾台侍郎、同凤阁鸾台平章事，第二次做了宰相。复相后，狄仁杰遇到的第一个大问题是派兵镇守疏勒四镇。

当时，正值王孝杰率军大破吐蕃军队，争回龟兹、疏勒、于阗、碎叶等四郡。因这四郡为大唐的边塞要地，武则天要求派军驻守。但狄仁杰认为，派兵驻守四镇并非高明之策。建议仿贞观年间唐太宗册封阿史思摩为可汗，由他镇守四镇的旧例，封阴山贵族阿史那斛瑟罗为可汗，委坐四镇。这样不仅省了大笔开支，又能达到安边的目的。虽然武则天最终没有采纳狄仁杰的意见，但狄仁杰为国家为百姓着想的心愿还是值得称道的。

圣历元年(698)八月，狄仁杰再次得到提升，拜为纳言，成了最高的监察长官，兼肃政御史大夫。同年，北方东突厥进犯河北，攻掠定州(今河北省定州市)、赵州(河北赵县)，杀死官兵无数。武则天命太子为河北道元帅，狄仁杰为河北道行军副元帅，征讨东突厥。为了鼓舞士气，武则天亲自送军队出征。狄仁杰率10万大军穷追猛打，东突厥迅速逃回漠北。当地的百姓因为曾受突厥驱使，生怕被官兵杀害，惶恐之中纷纷逃匿。武则天任命狄仁杰为河北道安抚大使负责处理此事，为快速地平定事端、安抚百姓，狄仁杰上疏武则天，请求将这些百姓一律赦免，不加追究。武则天采纳了狄仁杰的建议，对被突厥驱使的百姓一律不问罪，许多逃匿的百姓纷纷回家。同时，狄仁杰还发放粮食，救济穷困百姓，并下令，严禁官兵侵扰百姓，有违犯的，定斩不赦。在狄仁杰恤民政策的感召下，河北道很快安定下来。狄仁杰回朝后，被授予内史。

武则天称帝以后，一直有一个问题困扰着她，让她昼不能寝、夜不能寐。那就是在自己百年以后，将由谁来继承她的大业。唐睿宗虽是她的亲生儿子，又赐了武姓，但他毕竟是李唐王朝的后代。如果将她的侄子武承嗣或武三思册立为太子，但两人又缺乏品德和才能，不可能成为贤明君主。武承嗣在武则天改唐为周后，也确有想当太子的念头。但是，武则天一直也没定下来，由谁来当太子。狄仁杰便趁武则天犹豫不决时，对武则天说："太宗皇帝不避风霜，亲冒枪林箭雨，九死一生，平定了天下，创立大唐基业，传给后世子孙。先帝驾崩时，把两位皇子托付给陛下。陛下现在打算把天下移交给别人，这恐怕有违天意吧！况且，姑妈与侄儿，亲娘与儿子到底谁亲？立儿子为太子，将来陛下百年之后，牌位送到皇家祖庙，可以陪伴先帝，代代相传。皇位如由侄儿继承。我可没听说过侄儿当皇帝把姑妈牌位送到皇家祖庙去的！"狄仁杰的这一番话说得武则天无言以对。

后来，鸾台侍郎王方庆、内史王及善等也提出立庐陵王为太子的建议，武则天才有些心动。紧接着狄仁杰又说服张易之、张昌宗兄弟，让他们劝武则天立庐陵王为太子。武则天才将庐陵王接回，立为太子。

狄仁杰为相，善于举贤任能，他先后荐举桓彦范、敬晖、窦怀贞、姚崇等数十人，其中有的成了治世名相。

契丹部落将领李楷固、骆务整归降唐朝后，许多大臣都说契丹人靠不住，留下必成祸患，均纷纷要求将其处死，并诛灭九族。狄仁杰却建议赦免他们，并予以重用。武则天采纳了他的建议，任命李楷固为左玉钤卫将军、骆务整为右武威卫将军，派他们率军攻打契丹残余势力。二人大胜归朝，武则天非常高兴。在庆功宴上，武则天当着文武百官的面对狄仁杰说："这都是因为你的知人之明啊！"

狄仁杰举人，以德才为重，真正做到内举不避亲，外举不避仇。有一年，武则天要每位宰相各推举尚书郎一名，狄仁杰推荐其子狄光嗣。后拜为地官员外郎，很是称职，武则天称赞他有祁奚举亲的遗风。

因为狄仁杰知人荐才，当时人赞誉他："天下桃李，悉在狄公门。"狄仁杰说："荐贤为国，非为私也。"

久视元年（700）九月，狄仁杰病逝，享年71岁。谥号"文惠"。